운명을 바꾸는
말하기 수업

운명을 바꾸는
말하기 수업

인생의 가치를 끌어올리는 결정적 기술

이영선 지음

웅진 지식하우스

추천의 말

말은 힘이 세다. 운명을 바꿀 정도로! 말은 타고나야 하는 게 아니다. 노력하면 누구나 잘 할 수 있다. 오랜 방송 생활과 겸임 교수 시절에 늘 생각했다. 같은 생각을 이영선 교수도 했다. 미국 대학에서 면접, 발표, 연설 등 스피치를 가르쳐 강의 평가 1위를 받았던 그이다. 그이가 제시하는 스피치 내비게이션이 여기 있다. 목표를 설정하고 길 안내를 충실하게 따라가라. 편안하게 목적지에 도착할 수 있을 것이다. 말의 길은 당신의 운명을 바꿀지도 모른다.

_이금희 방송인, 『우리, 편하게 말해요』 저자

미국 로체스터대학교 경영대에서 10년간 학생들에게 말하기를 가르쳐온 이영선 교수는 이 책에서 독자들에게 '말하기의 노하우'를 고스란히 전수한다. 고객을 매혹하고, 투자자를 설득하며, 뜨거운 승진 경쟁을 날마다 치러야 하는, 그 어디보다도 말하기가 중요한 경영학 영역에서 가장 치열하게 가르쳐온 그답게, 이 책에는 말하기의 중요성부터 체계적인 방법론, 구체적인 예제까지 담뿍 담겨 있다. 무릇 말하기란 생각이 잘 정리된 사람들이 더 잘하는 법! 이 책을 통해 자기 생각을 세상과 소통하는 지름길을 독자 모두 찾으시길 바란다.

_정재승 KAIST 뇌인지과학과 교수, 『정재승의 과학 콘서트』 저자

이영선 교수가 쓰면 다르리라 생각했다. 책을 읽어보니 예상 적중이다. 스피치를 전문적으로 다루면서도 그 안에 깊은 사랑이 깃들어 있다. 단순히 기술적인 방법을 나열하는 데 그치지 않고, 뒷받침되는 원리와 이론을 자연스럽게 정리하고 설명한다. 스피치는 구조다. 하지만 구조를 진정으로 이해하고 체화하는 일은 절대 쉽지 않다. 이 책은 독자가 그 어렵고 높은 산을 넘어, 사랑을 담아 말하는 전문 스피커로 성장하도록 이끌어줄 것이다. 그것도 아주 자연스럽고 쉽게 스며들 듯 말이다.

_김익한 기록학자, 『거인의 노트』 저자

의사소통 능력의 부족으로 관계를 망친 적이 있다. 사실 누구나 한 번쯤 경험해 봤을 법한 일이다. 우리는 늘 말하며 살아가지만 제대로 된 커뮤니케이션이 얼마나 중요한지를 자주 잊고 산다. 커뮤니케이션 기술이야말로 반드시 배워야 하는 스킬임에도 제대로 배운 적이 없다. 그런 의미에서 이 책은 독자들에게 굉장히 중요한 인생 치트키를 알려준다. 그리고 이 책을 통해 '말하기'가 단순한 기술이 아니라, 삶을 변화시키는 강력한 도구임을 깨닫게 될 것이다.
이영선 교수의 책은 쉽게 읽히지만, 그 깊이는 절대 가볍지 않다. 독자들은 이 책을 통해 단순한 화자가 아닌, 진심으로 상대를 설득할 수 있는 스피커가 되는 법을 알게 될 것이다. 여전히 중요한 자리에서, 혹은 새로운 사람들과 말하는 것이 어려운 이들에게 이 책이 좋은 길잡이가 되어줄 것이라 믿는다.

_코스모지나(성진아) 크리에이터, 『나도 멋지게 살고 싶다』 저자

스피치와 발표는 나에게 항상 큰 도전 과제였다. 다양한 강의와 책을 접했지만 대부분 발음과 발성에 치중해 실질적으로 업무에 도움을 받지 못했다. 그러던 중 이영선 교수님을 접하게 되었고, 그동안 내가 찾아 헤매던 핵심적인 스킬들을 정확하게 배울 수 있었다.

이 책은 직장에서 즉시 활용할 수 있는 구체적인 말하기 기법들을 제공한다. 특히 회의나 프레젠테이션에서 효과적으로 아이디어를 전달하는 방법을 체계적으로 배울 수 있어 직장인에게 큰 도움이 될 것이다. 또한 스피치의 본질적인 요소인 메시지 구조화, 청중 분석, 비언어적 커뮤니케이션 등을 깊이 있게 다루고 있다. 말하기에 자신이 없거나 발표 실력을 향상하고 싶은 독자들에게 이 책을 강력히 추천한다.

_**정희영** 레고코리아 대표

들어가며

미국 대학에서 반드시 말하기를 가르치는 이유

"미국 대학생들은 졸업 전 반드시 말하기를 배웁니다."

이런 이야기를 꺼내면 많은 사람의 눈이 휘둥그레진다. 말하기가 '배워야' 하는 학문이라니(말하기는 타고나는 말재주 아니던가?), 말하기를 배워야 대학을 졸업할 수 있다니(말하기가 그렇게나 중요하다니?) 하는 의문 때문이다.

나는 미국 로체스터대학교University of Rochester 경영대에서 말하기를 가르치는 교수이다. 내가 가르치는 수업은 프로페셔널 커뮤니케이션professional communication으로, 비즈니스 커뮤니케이션과 대중 연설, 발표 등을 다루며, 경영대 석사를 받기 위해 학생들이 반드시 들어야 하는 필수과목이다. 미국 대다수 대학교에서 말하기 수업은 전공과 관계없이 대학을 졸업하기 위해 반드시 들어야 한다.

말하기, 원하는 것을 얻는 가장 필수적인 도구

대학을 졸업하고 사회생활을 시작한다는 건 냉혹한 비즈니스 세계에 발을 들이는 일이다. 모든 일의 80%가 협상이라고 한 허브 코헨*의 말처럼 말하기는 직장을 구하고, 고객을 설득하고, 물건을 판매하고, 따뜻한 관계를 맺는, 한마디로 원하는 걸 얻기 위한 기본적이고 필수적인 도구다.

특히 프로다운 커뮤니케이션은 직장 사회에서 요구하는 중요한 역량 중 하나다. 구글 임원을 지낸 정김경숙은 『영어, 이번에는 끝까지 가봅시다』*에서 이메일의 사소한 표현 때문에 동료에게 항의받은 일화를 공개한다. 동료에게 업무 요청 이메일을 보냈는데, 동료가 씩씩거리며 찾아와 'Would you~'라고 하지 않고, 'Can you~'라고 요청하는 건 무례하다며 화를 냈다는 것이다. 어찌 보면 사소한 영역까지 미국 사회가 얼마나 프로다움을 요구하는가를 보여주는 일례이다.

나는 몇 가지 핵심 스킬을 익혀 바로 활용하는 실용성에 방점을 두고 학생들을 가르치는데, 그래서인지 내 수업을 통해 실전에 큰 도움을 받았다는 제자들의 인사를 자주 받는다. 구글, 메타 등 내로라하는 글로벌 회사에 들어간 제자들이 '교수님에게 말하기를 배우지 않았다면 직장에 들어가지도, 승진하지도 못 했을 것'이라며 감사를 표하는 일도 자주 있다. 바로 활용하고 변화할 수 있다는 점에서 학생들의 지지를 얻어 두 차례 경영대 강의 평가 1위를 포함, 수년간 우수 강의로 선정되었다.

말을 못하는 게 아니라 방법을 모르는 것이다

하지만 이렇게 미국에서 말하기를 가르치는 나도 처음부터 말하기를 잘하는 건 아니었다. 한국에서 직장을 다닐 때 가장 고전한 것도 '말하기'였다. 데이터 분석과 클라이언트 대상 발표가 주 업무였던 시절, 나는 발표에서 끊임없는 지적을 받았다. 팀장이 내 발표문이나 발표 태도를 고쳐주었는데, 지적받지 않는 날이 드물 정도였다. 가뜩이나 내성적인 나는 날로 자신감이 떨어졌고 스스로도 말하기에 소질이 없다고 여겼다

한국에서도 말하기에 난관을 겪었던 내가 30대에 늦은 유학 생활을 시작하면서 무려 '영어 말하기'를 해야 했으니 얼마나

부담이 컸겠는가. 그러던 중 공적 말하기 public speaking 수업 조교로 들어가면서 나는 비로소 말하기에 눈을 뜨게 되었다.

'스스로 말을 잘 못한다고만 생각해왔는데, 사실은 방법을 몰랐던 것이구나.'

메시지를 어떤 논리 구조로 짜야 하는지, 어떤 목소리와 제스처를 써야 내 의도를 제대로 전달할 수 있는지를 알고 나니 말하기는 결코 어려운 일이 아니었다. 오히려 내 생각을 정확히 표현하고 소통하게 되니 말하는 경험이 너무도 즐거웠다. 공적 말하기, 프로페셔널 커뮤니케이션을 공부하면서 나는 '좀 더 일찍 알았더라면 인생이 훨씬 수월했을 텐데.' 하는 아쉬움까지 느꼈다. 한국에서 석사과정을 밟으며 연구 발표 부담감에 잠 못 이루고 직장에서 클라이언트 발표 때문에 스트레스에 시달리며 고통받았던 시간이 안타까웠다.

목적을 알면 말하기가 쉬워진다

말하기를 잘하는 방법은 여러 가지가 있지만, 기본은 목적을 분명히 하고, 상대방 입장에서 생각하는 것이다. 이 2가지만 명확히 해도 불편하거나 어려운 자리에서 말이 술술 풀리는 일이 많다. 나는 한국과 미국을 오가며 지내는데, 한국에 있을 때

한 경찰 간부가 내 강의를 들었다. 간부로 막 승진한 그는 대외적으로 말해야 할 일이 늘어났는데, 도무지 말을 어떻게 해야 할지 모르겠다는 고민이 있었다. 당장은 며칠 뒤 있을 연말 회식의 건배사가 걱정된다고 했다. 나는 그에게 물었다.
"회식에서 건배사를 하는 진정한 목적이 뭘까요?"
"직원들을 격려하는 거겠죠. 그리고 묵묵히 일해온 직원들의 노고를 알아주는 게 아닐까요?"
"바로 그겁니다. 직원들의 진심을 알아주는 겁니다. 회식은 직원들의 노고와 열정, 고단했을 순간들을 기억하고 인정해주는 자리니까요."
"아, 건배사를 잘하려고만 했지, 그 의미까진 미처 생각해보지 못했어요."
그분은 자신이 젊은 시절에 가졌던 열정과 고민을 공유하면서 직원들의 노고를 인정하는 진정성 있는 건배사를 했다고 한다. 직원들의 열띤 호응을 받은 것은 물론이고, 그날의 경험으로 말하기에 자신감이 붙었다는 전언이다.

누구나 말을 잘할 수 있다

열심히만 살았던 내 삶은 코로나19를 겪으며 변화하기 시작했다. 내 삶을 돌아보고, 앞으로 어떻게 살 것인지 스스로 물었다. 인생 후반전은 나만의 성공을 위해 애쓰며 살고 싶지 않았다. 돌아보니 이제는 유튜브가 있고, 인스타그램이 있고, 줌Zoom이라는 기술이 일상에 들어와 있었다. 아, 이거구나. 뭔가 머리를 얻어맞은 듯한 기분이 들었다. 물리적 제약을 벗어나서 나의 가치를 전할 수 있다면, 과연 누구에게 전하고 싶은가? 자연스럽게 나의 모국인 한국이 떠올랐다. 내가 10년 넘게 가르치고 있는 공적 말하기public speaking가 한국에서는 제대로 교육되지 않고 있는 듯했다. 그나마 있는 교육도 내용이나 구조, 표현의 조화가 아닌 발성, 외모 등의 외적인 요소에 여전히 치중한다고 느꼈다. 그렇게 나는 한국에 있는 분들에게 커뮤니케이션 분야에 대해서 알려드리기 시작했다. 내향적인 나로서는 유튜브나 인스타그램에 얼굴을 드러내는 것이 쑥스럽고 불편하지만, 누군가에게 도움이 되는 사람으로 인생 후반전을 살고 싶다는 생각으로 용기를 내고 있다.

말에 관한 흔한 오해는, 일부 달변가나 외향적인 사람들만 잘할 수 있다는 것이다. 그렇지 않다. 말하기는 누구나 배우고 익히기만 하면 잘할 수 있다. 나는 학기마다 이런 놀라운 변화를 목도한다. 나는 미국에서 박사과정을 공부하는 5년여 동안 학기마다 학생들에게 공적 말하기를 가르쳤고, 이후 로체스터대학교 경영대 교수로 임용되어 10여 년간 학생들에게 말하기를 가르쳤다. 미국 학생들은 편하게 자기 의사를 표현한다고 생각하지만, 모두가 그런 건 아니다. 두려움과 긴장감, 심지어 공포감까지 느끼는 학생도 꽤 많다. 졸업 목전까지 수강을 미루다가 마지막 학기에 어쩔 수 없이(?) 수강하는 학생도 상당하다. 하지만 그렇게 말하기를 어려워하던 학생들도 학기가 끝나면 프로답게 말하는 것은 물론 표정에도 자신감이 흘러넘치게 된다. 그 학생 중 다수는 내로라하는 대기업에 들어가 수억 원의 연봉을 받으며 생활하고 있다. 나는 이 변화를 10여 년간 지켜보고 있다.

이 책은 미국에서 말하기를 가르치는 대학교수이자 공적 말하기 전문가로서 내 역량을 쏟은 책이다. 말하기에 주저했던 과거의 나와 같은 사람이 있다면, 직장에서 원활히 소통하는 법을 알고 싶고 상대방(고객, 고객사, 면접관)을 설득하는 말하기가 필요한 사람, 자기 생각을 제대로 정리해 말하고 싶은 사람이라면 이 책을 통해 도움을 얻을 것이라고 믿는다.

당신은 할 수 있다. 그건 수많은 학생을 가르치고 변화시킨 내가 자신 있게 말할 수 있다.

2024년 12월
이영선

차례

- 4 　　추천의 말
- 7 　　들어가며

1　당신도 말을 잘할 수 있다

- 19 　30대 늦깎이 유학생은 어떻게 미국 스피치 교수가 되었을까
- 23 　64번의 거절과 65번째 기회
- 27 　초봉 2억 '일잘러'들의 결정적 한끗
- 33 　상호작용 말하기란?
- 39 　한국인의 말하기에서 가장 큰 장애물은 바로 '이것'
- 46 　끌리는 말하기의 비밀
- 57 　에토스, 로고스, 파토스를 갖추는 전략

2　첫인상에서 호감을 만들어라

- 63 　면접 합격을 좌우하는 결정적인 4가지
- 69 　면접 시작 1분 만에 '광탈' 하는 표현 5가지
- 77 　세상에서 제일 쉬운 자기소개
- 86 　스몰 토크의 기술: 대화를 효과적으로 이끄는 방법
- 91 　학생들을 억대 연봉으로 만들어준 면접 전략 3가지

3　프로답게 말하라

- 103 　회사에서 나를 지키는 말하기
- 114 　직급별 말하기 전략
- 121 　키워드로 생각을 정리하는 법
- 125 　'일잘러'의 이메일은 5가지가 다르다
- 134 　성공하는 미팅의 3가지 전략
- 142 　100% 통하는 부탁의 기술
- 148 　프로답게 사과하는 4가지 방법
- 152 　상대방의 기분이 나쁘지 않게 피드백하는 방법
- 161 　따뜻하게 원하는 것을 얻어내는 전략

4 무조건 통하는 스피치의 구조

- 171 3초 만에 청중을 사로잡는 7가지 오프닝
- 180 알고 듣는 것과 모르고 듣는 것의 엄청난 차이
- 186 나의 주장을 논리적으로 만드는 법
- 191 기억에 남는 핵심 메시지를 만드는 특급 노하우
- 196 "이상입니다, 질문 있습니까?"는 이제 그만!

5 발화와 비주얼, 말하기의 전달

- 207 목소리가 작아도 집중하게 하는 전략이 있다
- 213 너무 빠르거나 느리지 않은 말의 빠르기
- 217 메시지의 이미지를 결정하는 음의 높낮이
- 221 잠시 멈춤, 멍때리던 사람도 3초 만에 집중시키는 마법
- 226 습관어, 이것만 고쳐도 2배는 더 말을 잘하게 된다
- 230 아이콘택트, 진심을 전하는 가장 강력한 도구
- 236 1초 만에 자신감 있게 보이는 방법, 스마일
- 240 메시지에 생생함을 더하는 비주얼 6가지

6 성공적인 말하기를 결정하는 실전 준비와 마인드셋

- 253 청중의 질문에 현명하게 대답하는 전략
- 260 발표 울렁증, 불안에서 벗어나는 방법
- 264 절대 외우려고 하지 마라
- 268 발표를 성공으로 이끄는 8단계 전략
- 277 효과적인 발표 리허설 전략
- 282 '완벽'하려 하지 말고 '연결'해라

- 287 **나가며**
- 292 **참고 도서**

1
당신도
말을 잘할 수 있다

30대 늦깎이 유학생은
어떻게 미국 스피치 교수가 되었을까

"마지막으로 이거 도전 안 하면 정말 후회할 것 같아요. 그동안 제가 드린 월급 다시 주신다고 생각해주시고, 학비랑 생활비 1년만 만들어주세요."

나는 갓 서른을 넘긴 나이에 미국 유학길에 올랐다. 처음 유학 결심을 내비쳤을 때 부모님은 탐탁지 않아 하셨다. 남 보기 그럴듯한 외국계 기업에서 마케팅 전략 컨설턴트로 일하던 딸이었다. 이직하거나 직종을 바꿔 재취업하거나 한국에서 택할 수 있는 다른 길도 많은데 늦은 나이에 유학이라니, 보나 마나 고생길을 가는 것처럼 느끼셨을 것이다. 공무원 시험을 치르고 시집가는 건 어떻겠냐고 넌지시 물으시는 부모님을 설득하며 한 말은 다시 생각해도 내 인생에서 가장 당돌한 발언이었다.

미국 대학교에서 미국인들에게 스피치를 가르치는 한국인 교수, 나의 이력이다. 한국인, 그것도 한국에서 석사과정까지 마치고 서른이 넘어 미국 유학을 시작한 내가 어떻게 미국인에게 스피치를 가르치게 되었는지 질문을 많이 받는다. 사실 공적 말하기를 공부하게 된 것은 펀딩 때문이었다. 미국 대학에서는 내가 영어권 대학에 다니지 않았다는 이유로 박사과정에 바로 입학시켜주지 않았다. 1년간 석사과정을 거치며 학업 능력과 영어 스피킹 실력을 지켜보고 박사과정으로 전환해주겠다는 조건을 걸었다. 펀딩이 없는 석사로 입학한다는 건 학비와 생활비가 고스란히 자기 부담이라는 뜻이었다. 그래서 나는 입학하자마자 학비 지원을 받는 조교가 되기 위해 교수들에게 부단히 어필했다. 그러던 중 공적 말하기 수업에서 여러 명의 강의 조교teaching assistant를 뽑는다는 것을 알게 되었다. 미국 대다수 대학교에서 공적 말하기 수업은 졸업하기 위해 반드시 들어야 하는 '필수과목'이다. 내가 속한 커뮤니케이션 학과에서는 전체 학부생을 대상으로 매 학기 공적 말하기 수업이 열렸고, 이론 위주의 수업과 더불어 15~18명 규모의 소규모 랩(연습 및 발표를 전담하는) 수업이 이루어졌다. 이 랩 수업을 대학원생 강의 조교들이 하는데, 바로 그 조교를 모집한다는 것이었다.

나는 당시 펀딩이 시급했던 터라 상대적으로 기회가 열려 있는 이 수업의 조교가 되고 싶었다. 하지만 영어 스피킹에 자신이 없었다. 스피치는 당연히 네이티브 미국인 대학원생들이 가르쳐야 한다고 생각했다. 그러던 중 용기를 내 담당 교수에게 고민을 털어놓았다. "제가 미국 학생들을 가르칠 수 있을까요?"라고 묻자, 교수는 이렇게 대답했다.

"영선, 영어를 잘하고 못하고는 문제 되지 않아. 무엇을 가르쳐야 하는지를 알게 되면 충분히 가르칠 수 있어. 학생들도 그런 너를 마땅히 존중할 거야."

교수는 공적 말하기는 관련 스킬을 배우고 익히는 학문이고 영어 숙련도는 문제가 되지 않는다며 조교 지원을 격려했다. 조교에 지원하려면 공적 말하기 수업을 한 학기 동안 들어야 했고 그에 앞서 스피킹 테스트도 통과해야 했다. 그 수업을 들으면서 나는 공적 말하기에 관해 상세히 배웠.

내용의 논리적 구조부터 목소리 크기, 말의 빠르기 및 높낮이 같은 발화적 표현, 아이콘택트나 제스처 등의 비언어적 표현까지, 실로 말하기의 A to Z를 배우는 시간이었다. 무엇보다 가장 크게 깨달은 것은 청중의 입장에서 바라보는 시각이었다. 청중의 입장과 관심사, 니즈를 고려하지 않는 말하기는 결코 효과적으로 전달될 수 없다. 청중을 고려하는 것이야말로 좋은 말하기의 핵심이다. 나머지는 청중에게 정확하게 전달하기 위해 다양한 도구를 적재적소에서 활용하는 방법론일 따름이었다.

그렇게 14주 남짓 조교가 되기 위한 수업을 들으면서, 상대 학생의 스피치를 분석할 기회가 있었다. 나는 당시 짝이었던 애비가 어떻게 발표를 시작했는지, 어느 부분에서 청중의 관심을 끌었는지, 제스처는 효과적이었는지, 말의 속도는 적당했는지 등을 여러 번 반복해서 보면서 최대한 자세히 분석한 결과를 제출했고, 담당 교수는 처음으로 "100/100 Superb!"라고 하며 만점을 주었다. 그 경험을 통해 나는 용기를 얻었다. 영어에 능수능란하지 않더라도 스피치에서 중요한 요소를 발견하고 평가하며 가르칠 수 있겠다는 자신감이 생겼다. 나는 그렇게 공적 말하기 수업의 강사가 되었고, 그 무렵 박사과정으로 전환도 이루어져 전액 장학금도 받을 수 있었다. 이후 5년간의 박사과정 내내 미국인들에게 스피치를 가르치고 분석하고 평가하는 동양인 강의 조교로서 경험을 쌓았다.

64번의 거절과
65번째 기회

졸업논문을 쓰면서 취업 시장에 나온 나는, 다음해 4월까지 연구 분야인 헬스커뮤니케이션 관련 교수직을 포함하여 총 64군데에 지원했다. 내가 해온 연구를 설명하고 어떻게 학과에 기여할 수 있는지 전망하며 내 발전 가능성을 적극적으로 어필했다. 64군데 중 총 10개의 학교와 인터뷰를 했지만, 최종 단계까지 간 학교는 없었다.

거듭되는 거절의 경험은 누구에게나 쉽지 않은 일이다. 앨런 피즈 Allan Pease, 바바라 피즈 Barbara Pease는 책 『결국 해내는 사람들의 원칙』*에서 거절은 자칫 실패에 대한 두려움이나 자존감 하락으로 이어질 수 있는 두려운 경험이지만, 이를 올바르게 이해하고 다루는 방법을 알면 인간관계는 물론 자기 자신에 대한 이해도 향상할 수 있다고 말한다. 외국인 유학생 출신으로 교수직에 지원하는 나도 6개월여간 거듭되는 거절을 어떻게 다뤄야 하는지 기로에 서 있었다.

나는 실망감과 좌절을 견뎌내면서 준비 과정을 보완할 기회로 삼았다. 채용 과정을 돌이켜보고 아쉬웠던 부분을 더 연습했고, 인터뷰에서 이렇게 했으면 더 좋았겠다 싶은 부분을 보강했다.

그러던 중 그해 교수 지원의 거의 마지막 시기인 5월에 65번째 지원한 학교와 인터뷰를 했고, 최종적으로 오퍼를 받았다. 그곳이 바로 내가 지금 속해 있는 로체스터대학교다. 아이러니하게도 내가 지원한 65군데 중 가장 랭킹이 높은 대학이다. 로체스터대학교는 미국에서도 준아이비리그로 손꼽히고, 내가 오퍼를 받은 경영대는 2023년 기준 전미 27위의 높은 랭킹을 기록하고 있다.

돌이켜보면 반복되는 거절을 통해 내가 가장 준비가 잘된 상태에서 지원했기에 화상 인터뷰나 캠퍼스 방문 인터뷰도 담담하게 임할 수 있었다.

나중에 알고 보니 내가 뽑힌 이유는 한국에서 마케팅 전략 컨설턴트로 일한 경험과 대학원에서 공적 말하기를 가르친 경험이 학교에서 원하는 상과 맞아떨어졌기 때문이라고 했다. 아이러니하게 느껴진 건 한국 직장 생활은 내 인생에서 가장 어둡고 힘든 시간이었기 때문이다.

나는 27세에 한 미국계 컨설팅 회사에 입사해 2년 넘게 직장 생활을 했다. 한국에서 신문방송학과 석사과정을 마치고 부푼 꿈으로 들어간 첫 회사였다. 나는 마케팅 전략 컨설턴트로 일하며 주로 데이터 분석, 마케팅 인사이트 도출, 클라이언트 대상 발표를 맡았다. 당시 회사는 업무 시간인 9시부터 오후 6시까지 클라이언트 요청 사항을 처리하고, 본격적인 업무는 그 이후에야 시작할 수 있었다. 새벽 2~3시까지 야근은 일상이었다. 새벽녘 퇴근해 5~6시간 뒤에 다시 출근해야 했으니, 수면은 늘 부족했다. 시간 외 근로 수당은 꿈도 꾸지 못했다. 힘든 회사였지만 늦은 나이에 들어간 첫 회사라 쉽게 포기하고 싶지 않았다. 부모님이 실망하시는 건 아닐까, 퇴사가 너무 이기적인 선택이 아닐까 생각하면 그만둘 수가 없었다. 그 사이 얼굴에는 표정이 사라졌고, 만성 수면 부족과 소화불량, 아토피 등 온갖 질병에 시달려야 했다. 하루하루가 끝이 없는 터널 속을 지나는 기분이었다.

그렇게 2년이 넘게 아슬아슬하게 버티던 어느 날이었다. 그날도 새벽 2시까지 야근하고 남대문에서 택시를 타고 수원에 있는 집으로 향하고 있었다. 무서운 속도로 고속도로를 달리는 총알택시 안에서 문득 이런 생각이 들었다.

'이렇게 미친 듯이 달리다가 어떻게 돼도 그렇게 억울하지는 않겠다.'

그때는 번아웃인 줄도 몰랐지만, 내게 찾아온 것은 극단의 무기력증과 번아웃이었다. 그날 이후 나는 회사를 떠나야겠다고 결심했다. 사표를 가슴에 품고, 끊임없이 스스로에게 물었다.

'영선아, 소모되는 건 그만하고 이제 너도 너를 위해서 살아보지 않을래?'

내가 진짜 원하는 게 공부라는 걸 깨달은 나는 수개월 후 회사를 그만두고 유학길에 오르게 되었다.

인생에서 가장 어두운 시기의 경험이, 해외 취업의 불안한 기로에 서 있던 유학생에게 한 줄기 빛이 되어준 것이다. 그렇게 번아웃 직장인은 미국 명문 대학교에서 스피치를 가르치는 교수가 되었다.

초봉 2억 '일잘러'들의
결정적 한끗

내가 그동안 가르친 학생 중 많은 수가 누구나 부러워할 만한 곳에 취업했다. 구글, 아마존, 메타(과거 페이스북), 애플, 테슬라, 언스트앤영 Ernst&Young, 액센츄어 Accenture 등등. 이곳들의 초봉은 평균 15만 달러가 넘는다. 한화로 거의 2억 원에 해당하는 연봉이다. 물론 모든 졸업생이 글로벌 기업에서 일하지는 않지만, 학교에서 매년 공유하는 취업 정보를 보면 내가 가르치는 비즈니스 데이터 분석가의 초봉은 한국 돈으로 1억 원이 넘는다.

그 학생들이 처음부터 훌륭한 학생들이었을까? 내가 속한 학과는 석사 프로그램이 1년이고 학생들이 첫 학기에 내 수업을 듣기 때문에, 입학부터 졸업할 때까지 내내 지켜볼 수 있다는 특권(?)이 있다. 많은 학생은 경영학과 관련 없는 음악, 심리학, 커뮤니케이션학 전공자다. 그래서 학생들이 석사과정에서 듣는 수업 내용이 너무 어렵다거나 퀴즈나 과제를 따라가기 어렵다고 푸념을 늘어놓는 것도 매 학기 봐왔다.

학생들이 배우는 하드 스킬은 데이터 분석 툴을 다루는 것인데 여기에는 통계, 파이썬, 엑셀, SQL, R 등 많은 과목이 있다. 소프트 스킬은 프로페셔널 커뮤니케이션Professional Communication으로, 바로 내 수업이 여기에 해당한다. 그리고 취업을 한 친구들이 다시 돌아와서 나에게 이야기하는 것이 바로 내 수업에서 배웠던 프로페셔널 커뮤니케이션이 취업에서 다른 경쟁자들과 구분이 되었던, 그리고 조직 내에서 빠르게 승진할 수 있었던 신의 한 수가 되었다는 것이다.

보통 데이터를 다루는 분석가에게 가장 중요한 것은 데이터를 정확하게 분석해서 올바른 결론을 도출하는 것이다. 그래서 각종 분석 툴을 배우면서 빠르고 정확하게 결론을 도출하는 것에 집중한다. 하지만 대부분의 학생이 간과하는 것이 있는데 그것이 바로 '효율적인 전달'이다. 자기가 아무리 잘 알고 있다 한들 이를 주변 사람들에게, 그것도 데이터를 잘 알지 못하는 타 부서 동료들이나, 굳이 모든 분석 툴을 알 필요가 없는 임원진에게 설명할 때는 어떻게 할 것인가. 바로 여기에서 긴장감이 생기기 마련이다. 유의 확률이니 상관계수니 아무리 떠들어봤자, 타 부서 사람들이 "그래서 비즈니스 전략을 뭐로 가져가는 게 이익인데?" "그래서 우리 이번 프로젝트가 성공이야 실패야?"라고 물어봤을 때 그들이 직관적으로 이해할 수 있게끔 하는 것이 중요하다. 다시 말해서 자신이 상대하는 사람들이 쓰는 '그들의 언어'로 말하는 것이 바로 커뮤니케이션의 핵심이고, 그걸 바로 내 수업에서 배우는 것이다.

날것으로 쌓인 빅데이터를 일정한 기준으로 분석하고, 툴을 이용하여 결론을 도출하는 것. 그 정확성에는 정답이 있을 것이다. 하지만 회사에서는 데이터 결론을 도출하는 것만으로 큰 성과를 냈다고 해주지 않는다. 그 결과의 의미에 대해서, 앞으로 조직에 미칠 영향에 대해서 '인사이트'를 도출하고 전달하는 것이 더욱 중요한 업무다. 그것을 논리적인 구조로, 명확한 언어와 메시지로 설득력 있게 전할 수 있는 사람이 과연 조직에 얼마나 있을까? 분석을 할 수 있는 사람 가운데 타인에게 잘 전달할 수 있는 사람들이 조직 내에서 인정받고 주목을 받는

데, 바로 그걸 내 수업을 들은 학생들이 해낸다는 것이다.

내가 아끼는 졸업생 중 한 명인 프라마트는 인도에서 회사를 다니다가 유학 왔다. 내 수업에는 매주 글쓰기 과제가 있고, 총 4번의 발표가 있는데, 프라마트는 학기 초부터 면담 시간에 찾아와서 과제에 대한 내 의견을 구체적으로 물었던 성실한 친구다. 그는 첫 번째 발표 결과를 받은 후 나에게 상담을 요청했다. 첫 번째 발표는 '왜 나를 채용해야 하는가?'라는 주제로, 자신이 목표로 하는 회사가 자신을 채용해야 하는 이유를 5분 내외로 설명하는 것이다. 자신의 이력이나 프로젝트 성과 등을 어필하면서 회사에 꼭 필요한 인재라는 것을 논리적이고 설득력 있게 말하는 발표이다. 내가 그에게 준 피드백의 내용은 '구조-전달력'에 초점을 맞추었는데, 간략하게 설명하면 다음과 같았다.

"프라마트, 과거의 인턴십 경험을 자세하게 설명한 것은 아주 좋아. 하지만 내용 측면에서 해당 회사가 중요하게 여기는 가치나 미션을 이해하고 있다는 것을 연결해주면 좋겠어. 그 과거의 경험을 바탕으로 어떻게 회사에 기여하고 싶은지로 마무리한다면 가장 좋을 것 같아. 그리고 전달적인 측면에서 머뭇거리는 것과 같은 "음, 어…" 하는 군더더기 소리를 빼주고, 상대방과 더 적극적으로 눈을 맞추고 제스처를 확실하게 해준다면 훨씬 자신 있고 매력적인 면접자로 보일 거야."

프라마트는 내 피드백을 보았는데 실제로 어떻게 적용해야 하는지 잘 모르겠다고 말했다. 그는 인도에서 대학을 다니던 시절 몇 번의 발표 기회가 있었는데 교수에게 혹독한 질책을 받았다고 한다. 이후 발표 공포증이 생겨서 발표할 때면 자기도 모르게 표정이 굳어지고, 말은 빨라지고, 전달도 명확하게 안 되어서 늘 발표 후 기분이 찝찝했다고 한다. 졸업 후 미국에서 직장을 잡고 싶고 미국의 동료들에게 설득력 있게 말하고 싶다는 고민을 털어놓았다.

내가 가장 먼저 한 이야기는 '자신감'이었다. 과거의 안 좋은 기억을 현재에 가지고 와서 '이번에도 안 좋을 거야.'라고 단정 짓지 말고, 자신이 도출한 메시지에 대해서 자신감과 확신을 가지고 전달하는 데 노력을 기울이라고 조언해주었다. 한 학기 동안 그렇게 프라마트는 모든 발표 과제 이후에 나를 따로 찾아와서 추가로 피드백을 받았다. 회가 거듭할수록 표정에는 자신감이 생겼고, 발표 내용도 구조적으로 짜임새가 생겼으며, 군더더기가 없어졌다. 마지막 발표를 하고 나서, 프라마트의 얼굴에는 첫 발표에서는 전혀 볼 수 없었던 환한 미소가 담겨 있었다. 성취와 함께 '자유'를 느꼈다는 걸 나는 단번에 알 수 있었다. 그렇게 프라마트는 졸업 후 골드만삭스와 언스트앤영에서 동시에 오퍼를 받고 미국 내 최대 컨설팅 회사인 언스트앤영에 취업했으며, 금융 담당 데이터 분석가가 되어 클라이언트와 협업하면서 비즈니스 솔루션을 제공하고 있다. 취업 이후에도 종종 안부를 묻는데, 환하게 웃으면서 말한다. 클라이언트가 자신의 발표를 너무나 좋아한다고. 그리고 그 발표 스킬은 모두 나에게서 배웠다고 말이다. 발표 공포가 있었던 인도 유학생이 뉴욕 맨해튼 한복판에서 멋지게 꿈을 키우고 있는 것을 지켜볼 수 있어서 교육자로서 뿌듯하고 정말 감사한 순간이 아닐 수 없다.

상호작용
말하기란?

나의 채널명에는 공통된 단어가 들어 있다. 그것은 상호작용을 의미하는 '인터랙션'이다. 인터랙션이라는 단어에 사로잡힌 것은 고등학교 시절이다. 어느 날 책에서 인간관계는 줄다리기와 같다는 문구를 보았다. 한쪽이 줄을 놓아버리면 다른 한쪽이 아무리 굳게 줄을 잡고 있어도 관계가 성립할 수 없다는 내용이었다. 오래되어 어디에서 봤는지, 정확하게 어떤 문구였는지는 기억나지 않지만, 당시 나에게 '상호작용'이라는 단어가 깊이 각인되었다. 대학 시절에도 싸이월드를 비롯한 여러 계정에 인터랙션에 숫자 2를 더해 '2nteraction'이라는 이름을 사용했다. 커뮤니케이션을 전공하면서도 상호작용에 관한 여러 이론적 배경을 배웠지만, 내가 진정으로 상호작용에 다시금 천착하게 된 것은 교수가 되고도 수년이 흐른 후였다.

"여러분, '말하기' 하면 무엇이 떠오르나요?" "여러분에게 말하기를 잘하는 사람은 어떤 이미지인가요?" 강연하거나 수업할 때 사람들에게 종종 묻곤 하는데, 그럴 때마다 "자신감이요", "내용이요", "관종이요" 등 참 다양한 반응이 곳곳에서 나온다. 흔히 '말하기' 하면, 하고 싶은 말을 멋지게 전달하는 것만을 생각한다. 그래서 말하기를 잘하려면 자신감이 있어야 하고, 사람들의 시선을 즐기는 소위 '관종'이 되어야 한다고 많은 분이 생각한다. 하지만 내가 10여 년 동안 말하기를 가르치면서 깨달은 것은 청중의 기억에 남는 '진짜 좋은 말하기'란 바로 상호작용하는 말하기라는 것이다.

"말하기는 혼자 이야기하는 것인데 어떻게 청중과 상호작용을 하죠?"라고 의아해할 수도 있다. 비록 청중이 발표자와 말로 대화를 나누는 것은 아니지만, 그들은 끊임없이 눈빛으로 표정으로 마음을 전한다. 여기서 핵심은 발표자가 청중을 염두에 두고 말을 하느냐는 것이다. 눈앞에 상대방을 두고 하는 말에는 엄청난 힘이 실려 있으며, 내 경험으로 비추어볼 때 이를 결정짓는 데에는 이 3가지가 반드시 들어 있다.

1. 청중의 관심사를 반영한 주제와 예시

나는 강연 요청을 받으면 반드시 청중에 대해 질문(성별, 연령대, 직업)한다. 이걸 알아야만 어떤 주제로 이야기할지 구체적으로 그려지기 때문이다. 사람들이 어떤 관심사로, 어떤 애로 사항으로 그 자리에 왔는지 알아야 상대에게 진정으로 필요한 말하기를 할 수 있다.

20대라면 취업, 연애, 30대라면 결혼, 육아, 재테크, 40대라면 건강, 부모 케어, 자녀 교육, 승진 등이 있을 것이다. 여자분들이 주로 모이는 자리라면 뷰티, 자녀 교육, 커리어 등이 있을 테고, 남성분들이라면 승진, 직장 생활, 재테크 등이 있을 것이다. **이렇게 관심사를 알고 나면, 내가 잘 아는 내용 중 상대에게 필요한 정보를 좀 더 세밀하게 찾을 수 있다.**

청중에게 호기심을 갖게 되면 강연자가 사용하는 단어도 달라진다. 보통 강연자들은 특정 분야의 전문가인 경우가 많은데, 흔히 하는 실수가 대중이 듣기에 어려운 단어를 사용한다는 것이다. 자신이 전문가라면, 자신에게 익숙한 추상적인 abstract 용어가 아니라 일상에서 쓰는 구체적인 concrete 단어를 써야 한다. 5살 어린아이가 들어도 이해할 수 있을 만큼 쉽게 풀어서 설명해야 한다. 진짜 좋은 강연은 어려운 개념도 쉽게 전하다. 따라서 발표자는 사용할 예시와 단어가 일반 대중이 듣기에 쉽게 이해되는지를 반드시 생각해야 한다.

2. 청중과의 눈 맞춤

나는 좋은 강연을 보면 내 커뮤니티 분들과 공유하고는 한다. 최근 유튜브를 통해 어느 강연 영상을 발견했다. 강연하는 분은 의사 선생님이었다. 그런데 내용이 너무나 좋은 반면, 강연을 하는 내내 단상 위에서 청중과 눈 맞춤을 하지 못하고 줄글로 된 대본을 한 손에 들고 읽으셨다. 마치 학술 발표를 하는 느낌이 들었다. 학회와 대중 강연을 모두 경험해본 나로서는 그 차이를 잘 알기에, 그분의 강연을 보는 내내 안타까웠다. 청중을 조금만 더 바라보면 훨씬 감동이 배가되었을 텐데 정말 아쉬웠다. 아니나 다를까 본인도 매우 아쉬운 강연이었다고 댓글에 소회를 적으셨다. 많이 긴장하셨다고 한다.

하지만 바로 청중과 눈 맞춤을 하지 않았기에 긴장감이 더욱 증폭되었을 거라는 것을 알려드리고 싶다. **청중을 쳐다보지 못하는 것은 청중을 개별이 아닌 집단으로 보기 때문이다.** 그래서 크기에서 오는 위압감에 자신이 작아진다고 느끼는 것이다. 하지만 그들을 개별적인 사람으로 보면 일대일로 대화를 나누는 것과 크게 다르지 않다. 청중과 한 사람씩 눈 맞춤을 하면서 고개를 끄덕인다든지 미소를 짓는 등의 긍정적인 반응을 포착해야 한다. 그럼 자연스럽게 불안감이 낮아지고, 청중 역시 발표자가 자신들과 연결되어 메시지를 전하고 있다고 생각하게 된다.

3. 청중을 사랑하는 마음

눈 맞춤이 '전달delivery'에 초점을 둔 내용이라면, 지금부터 이야기하는 것은 '마인드셋'과 관련된 부분이다. 사람들 앞에서 이야기할 때는 누구나 어느 정도 불안해지는데 그 불안의 많은 부분은 '내가 상대에게 평가를 받게 될 것이다.'라는 마음에서 온다. 그래서 '실수하면 안 되는데, 어리숙해 보이면 안 되는데' 하는 마음이 자연스레 들기 마련이다. 그런데 이렇게 되면 모든 신경이 나에게 쏠린다. 내가 준비한 대로(외운 대로) 되지 않을까 봐 전전긍긍하는 마음이 생기며, 청중의 표정이 조금만 좋지 않아도 '내가 뭘 잘못했나 봐.'라는 생각에 불안감에 휩싸여 머릿속이 하얘진다. 이렇게 부정적인 과정을 반복하지 않으려면 가장 먼저 마음가짐을 바꿔야 한다. 바로 **청중을 '사랑해야' 한다.** 그들에게 내가 잘 보이는 것이 아니라, 나의 메시지를 통해 그들을 '돕고 싶다'는 마음이 진심으로 들어야 한다. 그럼 자연스럽게 눈앞에 있는 청중에게 집중하게 된다. 이때 또 중요한 것은, 모두를 만족시키려 애쓰지 않아야 한다. 불가능의 영역이기 때문이다. 청중은 그 주제에 관심 있어서, 그냥 어쩌다가 누구를 따라서 등 정말 다양한 이유로 그 자리에 왔을 것이고, 개개인의 컨디션 역시 다를 것이기 때문이다. 그래서 하품할 수도 있고, 딴청을 피우거나 휴대폰만 만지작거릴 수 있다. 이 모든 경우의 수를 알 수 없고 컨트롤할 수도 없기에, 강연을 하는 사람은 부정적인 반응에 휘둘려서는 안 된다. 오히려 '피곤한가 보구나.' '마음이 바쁜가 보구나.' 정도로만 이해하고, 자신에게 긍정적으로 반응하는 청중에게 보다 집중해서 자신의 메시지를 전하면 된다. '누군가에게는 내 강연이, 내 메시지가 반드시 도움이 될 거야.' 하는 믿음을 가지고 그 한 사람을 위하는 마음으로 발표하면 된다. 그러면 반드시 청중도 강연자의 진심을 느끼게 될 것이고, 따뜻한 마음을 전하는 스피치가 많은 사람의 마음에 인상적으로 남게 된다.

커뮤니케이션과 스피치를 10여 년간 공부하고 가르친 이제서야 내가 왜 상호작용이라는 단어에 유독 끌렸는지 깨닫게 되었다. 인간관계와 커뮤니케이션의 핵심은 바로 내 생각과 의도를, 내가 뜻한 대로 온전하게 상대에게 전하는 데에 있다. 나의 진심을 상대에게 잘 전하여 상대가 그 진심을 온전히 받아들이도록 하는 것. 이렇게 서로에게 그 진심이 전달되었을 때 바로 우리는 '통했다'는 완성형의 마음을 경험하게 된다.

한국인의 말하기에서
가장 큰 장애물은 바로 '이것'

수업에서 일대일 코칭을 종종 하는데, 그때 빠짐없이 나오는 주제가 바로 지나치게 긴장된다는 것이다. 겉으로 보기에는 사회적 선망의 대상인 의사, 교사, 조직 리더들의 입에서 나오는 이야기다. 그분들께 어떤 부분이 구체적으로 힘드냐고 하면 다양한 이야기가 나오는데 한마디로 정리해보면 바로 '완벽주의'에서 오는 스트레스라고 생각한다. 완벽주의가 있는 사람들의 심리적 특성을 살펴보면 다음과 같다.

나는 결점이 없어야 한다. 이런 생각을 하는 사람들은 일단 자기가 알고 있는 것을 밖으로 꺼내기 힘들어한다. 다른 누군가가 자신의 의견에 이의를 제기하면 공격받았다고 생각하고 창피해한다. 이런 사람들은 발표했을 때 질문을 받는 것조차 두려워한다.

사실 나는 부족하다. 완벽주의 성향을 보이는 사람들은 마음 깊은 곳에서 자신이 아직 부족하다고 인지하고 있다. 하지만 이렇게 부족하게 느껴지는 자신을 인정하기 싫은 마음이 크다. 이들은 계속 공부하고 배움을 놓지 않는 경향이 있다. 한 분야를 공부하다가 그와 연관된 다른 분야를 발견하고, 그 다른 분야를 공부하지 않으면 배움이 완성되지 않았다는 생각에 오히려 자신이 아는 것에 대한 믿음을 갖지 못한다.

소위 고학력자나 교수 등도 이를 피할 수 없다. 그만큼 가면을 쓰고 살아가고 있는 것이다. 오히려 주변의 기대감이 높기 때문에 더더욱 겉으로 표현하지 못하고 적절한 해결책도 스스로 찾지 못한 채 속앓이하는 경우를 많이 보았다. 우려스러운 것은 이것이 일부만의 문제는 아니라는 것이다. 정신과 의사 문요한은 저서 『나는 왜 나를 함부로 대할까』*에서 영국 사회심리학자 토머스 커런Thomas Curran과 앤드루 힐Andrew P. Hill의 연구를 소개하고 있다. 이들은 1989년부터 2016년까지 캐나다와 영국 대학생 4만 1,641명을 대상으로 시행된 완벽주의 연구를 분석하고 종합했는데, 그 결과 청년들의 완벽주의 성향이 과거에 비해 급격히 증가했다고 밝혔다. 나는 미국과 한국을 자주 오가기 때문에 두 나라의 성향 차이를 실감하는데, 한국 학생들의 완벽주의 성향이 더 심한 듯하다. 그 이유는 어디에 있을까?

나는 가정 환경, 교육 환경에 원인이 있다고 생각한다. 우리가 스스로에게 하는 말, 즉 셀프토크의 대부분은 사실 자신이 어린 시절 부모에게서 들었던 말일 확률이 상당히 높다고 한다. 조금만 실수해도 "이렇게 하면 1등할 수 없어. 옆집 누구를 봐." "우리가 너 잘되라고 이렇게까지 희생하고 투자하는데 겨우 이 정도밖에 못하니?"라고 비난하고 부담을 주고 실수를 용납하지 않는 부모 아래에서 자랐다면, 성인이 되어도 자신이 늘 부족하다고 생각하고 비난받을까 봐 전전긍긍하게 된다.

지난해 내 수업에서 유독 눈에 들어오는 한 학생이 있었다. 중국에서 온 유학생인 그는 수업에는 빠짐없이 참석했지만 뒷자리에 앉아서 늘 멍하게 있곤 했다. 토론도 마지못해 하는 느낌이었다. 단순히 성격이라고 보기에는 뭔가 다른 일이 있어 보였다. 어느 날 그 학생의 발표가 끝난 후 따로 이야기 나눌 기회가 있었다. 나는 그 학생이 발표를 매우 잘 준비했다는 데 내심 놀랐다.

"졸업하고 어느 분야에서 일하고 싶니?"라고 묻자 그 학생은 특유의 멍한 표정으로 이렇게 대답했다.

"저는 중국으로 돌아가게 될 거예요. 부모님은 제가 돌아와서 아빠가 연결해주신 회사에서 일하기를 원하시거든요."

"너도 그렇게 하고 싶은 거야?" 반사적으로 나는 이렇게 물었다.

"사실 저는 미국에 있는 회사에도 지원해보고 싶은데, 부모님이 원하지 않으실 거예요."

자신의 운명이 모두 정해져 있다는 투로 말하는 학생의 눈빛에서는 그 어떤 설렘이나 희망도 느껴지지 않았다. 학생은 자신으로 인해 엄마가 좋은 커리어를 포기하고 임신과 출산, 양육을 선택했다고 말했다. 부모가 자신을 위해 희생했기 때문에 부모의 기대를 저버려서는 안 된다고 했다.

"그건 네 엄마가 선택한 삶이야. 그걸로 네가 어떤 죄책감이나 의무감을 가질 필요는 없어."

학생은 멈칫하며 살짝 놀란 표정을 지었다. 그는 자신의 장래에 관해 한번 생각해보겠다고 하고 내 오피스를 떠났다.

나 역시 엄마이기 때문에 그런 말을 해줬는데, 다시 생각해보니 학생의 부모는 다른 메시지를 전해왔을 수도 있겠다 싶었다. '너를 위해 희생했으니 우리의 의견을 따라야 한다. 다 너를 위한 거다.' 하는. 그렇게 대화를 나누고 나서야, 왜 그가 내 수업에서 그렇게 수동적이고 눈빛이 흐렸는지 알 수 있었다. 자기 생각을 이야기해본 적이 별로 없었던 것이다.

누군가의 기대나 인정이나 평가가 자신을 압도하게 되면 스스로 다른 선택을 하고, 자기만의 생각을 꺼내는 것 자체가 두려워진다.

사실 그 학생의 모습은 내 10~20대 시절의 모습이기도 했다. 나는 유년기부터 10대 시절까지 부모님의 말씀을 잘 듣는 '착한 아이'였다. 부모님 뜻을 거슬러본 적이 없으며, 학교에서 모범적이고 공부도 곧잘 해서 선생님들에게 예쁨을 받았다. 2살 터울의 장난꾸러기 오빠가 부모님에게 꾸중듣는 것을 보면 '나는 그러지 말아야지.' 하면서 행동거지를 바르게 했다. 늘 칭찬받으려고 노력했기에, 오빠와 자주 비교의 대상이 되었다.

대학에서도 크게 달라지지 않았다. 밤 10시가 넘으면 아빠의 호출이 있었고, 무릎 위로 올라가는 치마를 입으면 늘 체크를 받았다. "이렇게 입지 말고 이렇게 입는 게 예뻐."라며 엄마가 옷을 사주시면 그냥 그런가 보다 하면서 사주신 옷을 입고 나갔다.

무색무취의 모습으로 살아가면서 나만의 색깔을 갖지 못하던 내 마음에 미국 교환학생 시절 듣게 된 한마디가 잔잔한 파장을 일으켰다.

"We love you no matter what."

당시 나는 미국 교회에서 다국적 학생들을 돕는 짐, 조앤 부부와 친하게 지냈다. 내 부모님 연령대였던 그분들은 나를 딸처럼 대해주고 아껴주셨다. 어느 날은 내가 그분들과 대화하다가 부모님께 보답하려면 남들보다 공부도 더 열심히 해야 하고, 더 부지런해야 한다는 식으로 얘기했더니 그에 대한 대답으로 "우리는 네가 어떻든 네 모습 그대로 널 사랑한단다."라는 말이 돌아왔다. '내가 잘하지 못해도 괜찮다고? 지금 이 모습 그대로여도 여전히 나를 사랑한다고?' 나는 스스로 부모님 기대에 부응해야 한다는 생각을 안고 살았다. 그런 내게 누군가가 처음으로 온전하지 않아도, 완벽하지 않아도 괜찮다는 말을 해주었기에 20년이 훌쩍 지난 지금도 그때의 장면이 생생하게 떠오른다.

완벽하지 않아도 괜찮다. 오히려 그 모습에서 연민과 응원과 지지가 생긴다. 지금 내가 알고 있는 것만으로도 충분히 누군가에게 도움이 될 수 있다. 사실 누군가가 일부러 나를 응원해주길 바랄 필요도 없다. 나 자신을 내가 가장 단단하게 믿어줘야 한다. 완벽주의 때문에, 남의 시선이나 평가가 두려워 앞에 서는 게 꺼려진다면 오늘부터 스스로에게 들려주자. "나는 나를 있는 그대로 사랑한다. 완벽하지 않아도 괜찮다." 내가 정말 좋아하는 유튜버 밀라논나 님이 자신의 영상에서 소개한 기도문이 있는데, 나 역시 이 기도문을 매일 아침 보면서 스스로에게 이야기한다.

> 존경받고 싶은 욕망에서 저를 해방하소서.
> 사랑받고 싶은 욕망에서
> 칭찬받고 싶은 욕망에서
> 인기를 얻고 싶은 욕망에서
> 대우받고 싶은 욕망에서
> 위로받고 싶은 욕망에서
> 인정받고 싶은 욕망에서 저를 해방하소서.
> 천대받을까 두려워하는 마음에서
> 업신여김받을까 두려워하는 마음에서
> 잊힐까 두려워하는 마음에서
> 조롱당할까 두려워하는 마음에서
> 의심받을까 두려워하는 마음에서 저를 해방하소서.
> 모든 이에게 모든 것이 되기 위해서 저를 해방하소서.
>
> _라파엘 메리 델 발 추기경, '겸손의 기도'

끌리는 말하기의
비밀

 우리는 살아가면서 늘 알게 모르게 설득하고, 설득된다. 누군가의 제안에 여행지를 결정하기도 하고, 인스타그램에서 내가 좋아하는 인플루언서가 공동 구매하는 물건을 덜컥 주문하기도 한다.
 우리는 자신이 합리적인 인간이라고 생각하지만, 결코 머리로, 논리적으로만 생각하고 결정하지 않는다. 그렇다면 우리가 묘하게 끌리는 그 설득의 포인트는 어디에 있을까? 그 사람의 권위? 메시지의 논리성? 그 사람이 호소하는 감정?
 내가 학생들에게 설득이 무엇이냐고 물으면 대다수가 객관적이고 논리적으로 똑 부러지게 말해서 상대가 내 뜻대로 되게 하는 것이라고 답한다. 하지만 객관성, 논리성 그것만으로는 누군가의 마음을, 태도를 그리고 행동을 바꿀 수 없다.

이것은 나만의 생각이 아니라 고대 그리스의 아리스토텔레스가 한 말이기도 하다.

아리스토텔레스는 고대 그리스의 가장 위대한 철학자 중 한 명으로 논리학, 윤리학, 정치학, 자연과학 등 다양한 분야에서 깊이 있는 연구를 남기며 서양 학문의 기초를 마련했다. 그는 수사학을 단순한 언변술이 아닌 체계적인 학문으로 발전시켰으며, 설득이 단순히 상대를 이기는 기술이 아니라 공동체 내에서 진리를 밝히고 정의를 실현하는 중요한 소통 방식이라고 보았다. 아리스토텔레스의 수사학은 고대 그리스 사회의 공공 담론과 논쟁에 큰 영향을 미쳤으며, 오늘날에도 정치, 법률, 교육, 대중 커뮤니케이션 등 다양한 분야에서 설득 전략의 근간으로 활용되고 있다. 이제 그가 설득의 핵심 원리로 정립한 세 가지 요소 에토스, 로고스, 파토스를 살펴보자.

에토스, 개인의 신뢰성과 청중과의 연결

설득의 3요소 가운데 첫 번째인 에토스Ethos는 '개인의 신뢰성과 청중의 연결'이다. 말하는 사람이 **자신의 권위, 지식의 전**

문성, 경험, 인품 등을 설득의 근거로 드러내는 것을 말한다. 즉, 말하는 사람의 '신뢰도'라고 할 수 있다. 에토스가 높으면, 상대방은 그 사람이 하는 말이 가치 있다고 믿고 이야기를 더 들으려고 할 것이고, 더 나아가 그 말에 설득되기 쉬운 경향이 있다.

에토스는 4가지 요소로 구성되는데, 성격, 권위, 유사성 그리고 평판이다.

• **성격**personality

우리는 사람을 믿으면, 그 사람이 이야기하는 것도 더 믿고 싶어 하는 경향이 있다. 말하는 사람의 성격, 인품이 중요한 이유가 바로 이 때문이다. 예를 들면 내향형인 사람은 자신과 비슷하게 말수가 적고 진중한 사람에게, 외향적인 사람은 활달하고 사교적인 사람에게 왠지 모르게 더 끌리는데, 그 이유는 아무래도 성격에서 오는 편안함 때문이다. 우리가 눈앞에 있는 모든 사람을 설득하는 것이 불가능한 이유도 사실 여기에 있다.

• **권위**authority

사회적인 지위나 전문적인 평판을 어느 정도 갖춘 사람이 하는 이야기는 좀 더 신뢰가 간다. 건강에 대한 정보를 관련 분야의 의사가 이야기하는 것과 내 친구가 이야기하는 것에는 당연히 설득력의 차이가 있을 것이다. 해당 분야의 객관적인 권위가 입증된 사람들이 하는 이야기에 사람들이 더 귀가 솔깃하게 되는 이유도 바로 여기에 있다.

이때 객관적 타이틀이 없어서 설득을 못 한다고 생각할 것이 아니라, 전하려는 메시지에 자신이 합당한 사람이라면 스스로가 '권위' 있다고 생각해야 한다. '벼락치기 잘하는 법'에 대한 주제라면 시험을 잘 보는 중고등학생이나 학점이 좋은 대학생이 말하는 게 설득력 있을 것이고, '청소년기 아이와 갈등 없이 잘 지내는 법'에 대한 이야기라면 20년 차 가정주부의 말이 그 어떤 박사의 이론과 논리보다 훨씬 효과적일 것이다.

• 유사성 similarity to audience

보통 우리는 다른 사람들 앞에서 이야기할 때 자신의 약점은 되도록 숨기고 좋은 점만을 보이고 싶어 한다. 하지만 이렇게 되면 진정한 설득이 일어나지 않는다. 진짜 설득은 정반대 상황에서 생기기 때문이다. 상대는 자신과 비슷한 부분이 있다고 판단하면 그 사람을 보다 가까이 느끼게 되고 그 메시지에도 설득될 확률이 높아진다. 왜냐하면 '저 사람도 나와 비슷하구나.' 하는 동질감 때문에 내용과 상관없이 왠지 모르게 그 사람 자체가 끌리기 때문이다. 따라서 내가 수업에서 꼭 이야기하는 것은 자신의 취약점을 꺼내보는 연습을 해보라는 것이다. 이런 과정을 거치면서 나의 취약점이 꼭 약점이 아니라는 것을 깨달아야 하고, 이와 비슷한 경험을 한 사람들이 더 따뜻하게 연대하면서 더욱 우리를 응원하는 것을 느껴야 한다. 이때는 나의 연약한 모습을 꺼낼 수 있는 용기가 필요하며, 상대가 이를 잘 들어줄 것이라는 신뢰가 필요하다. 그리고 나의 깨달음과 경험이 누군가에게 도움이 될 것이라는 믿음도 필요하다.

• 평판 reputation

보통 물건을 살 때, 물건을 파는 사람이 직접적으로 호소하는 문구보다 그걸 이미 구매한 사람들의 구매 평을 보고 결정하는 경우가 많다(나 역시 구매를 결정할 때 꼭 리뷰를 참고하는 편이다). 그 물건이 좋다고 아무리 백 번을 말해도, 실제로 구매한 사람의 직접적인 경험담이 없다면 그리 신뢰감을 느끼기 어려울 것이다. 이는 사람에게도 동일하게 적용된다. 여러분은 프로페셔널 영역에서 어떤 평판을 가지고 있는가? 당신을 직접 겪은 사람은 당신에 대해 뭐라고 표현할 거라고 생각하는가? 아마존의 제프 베이조스는 '퍼스널 브랜딩'에 대해 "당신이 없을 때 사람들이 당신에 대해서 하는 말"이라고 했다. 그리고 당신은 당신의 직장이나 해당 영역에서 퍼스널 브랜딩을 하고 있는 것과 마찬가지다. 당신이 해당 분야에서 탁월한 전문성을 가지고 있더라도 그 전문성을 다른 사람이 인식하지 않는다면 에토스 측면에서 사람들에게 신뢰를 얻고 있지 못하다는 뜻이다. 보통 우리는 어떤 전문성을 쌓기 위해 부단히 공부하고 기술을 연마하지만, 이것들이 평판으로서 타인에게 드러나지 않는다면 궁극적으로는 설득력을 높일 수 없다.

로고스, 주장의 논리성과 합당함

설득의 3요소 가운데 두 번째인 로고스Logos는 **주장의 논리성, 객관성**을 말한다. 보통 많은 사람이 생각하는 '설득=논리'라는 요소가 바로 로고스에 해당하는 것이다. 이처럼 로고스는 주장의 논리성, 체계적인 이야기 전개, 그리고 합리적인 결론 도출을 통한 설득의 방법을 말한다. 다시 말해서 누군가를 설득할 때 구체적 수치, 통계 자료, 예시 등으로 논리적 근거를 제시하는 경우 논리의 허점이 없는 이상 그 사람의 주장에 반박할 수 없다는 점에서 가장 큰 장점이 있다.

그런데 여기서 유의해야 할 것이 있다. 보통 '논리적으로 이야기해라.'라고 하면, 많은 사람이 객관적인 수치나 정보를 단순히 '나열'하는 경향이 있다. 단순히 정보만 나열된 말을 듣다가 '그래서 뭐 어쩌라고?'라는 생각을 했던 경험이 누구나 한 번쯤은 있었을 것이다. 이는 정보 사이의 연결이 부족하기 때문이다. 많은 사람이 실수하는 것이 '주장의 합당함'을 간과하는 것이다. **객관적 정보만 나열한다고 상대방에게 주장이 합당하고 설득적으로 들리지는 않는다.** 오히려 개수가 많으면 많을수록 논리성이 흐려지기에 설득력이 떨어진다. 내가 학생들에게 발표에 대해 코멘트할 때 수정할 사항을 일일이 열거하면 학생들은 이내 '나는 망했어.'라고 생각해서 오히려 동기부여를 잃게 된다. 학생들이 다음 발표에서 더 잘하도록 하려면 정말 중요하게 수정해야 할 것들을 몇 가지 언급하고, 그것을 수정하지 않았을 때 청중에게 줄 임팩트를 말해준다. 그러면 수정 사항에 대한 주장과 그 합당한 이유를 언급한 것이기 때문에 학생들은 수정 내용만을 들었을 때보다 다음번에 더 잘하려는 마음을 가지게 된다.

이처럼 오히려 '너무 많은 지적'과 '이유가 결여된 주장'은 설득력을 잃을 수 있다는 것을 알아야 한다. 정보 간에 그 순서와 내용이 필연적으로 그렇게 구성되어야 하는 개연성과 당위성이 부여되어야만 그 주장의 논리성이 달성되고 비로소 설득력이 높아진다.

또 하나 유의할 것은 상대방의 감정을 헤아리는 과정이 없다면 상대방의 진정한 동의를 얻기 어려울 수 있다는 것이다. 나 역시 이것을 실감한 경험이 있다. 새 학기를 앞두고 부학장에게서 이메일을 한 통 받았다. 내용은 여느 해와 다른 강의 스케줄이었다. 원래 가을 학기에 배정된 수업이 가장 많고 상대적으로 봄 학기에 여유가 있었던 반면, 새로운 연도에는 가을과 봄 학기에 골고루 강의가 배정되었다. 별다른 추가 설명 없이 통보하는 식으로 이메일이 와서 기분이 별로 좋지 않았다. 오히려 지난해보다 강의가 더 늘어난 느낌을 받았다. 이유를 설명해주면 좋겠다고 회신했더니, 부학장은 학과 크레디트와 교수에게 요구되는 수업 관련 시간을 소수점까지 계산하여 조목조목 설명해주었다. 이에 덧붙여서 과거에 내가 받았던 강의 배정은 자신의 판단 미스로 인한 혜택이었다면서, 이제까지 그렇게 진행되었던 것에 내가 오히려 고마워해야 한다는 뉘앙스로 말했다. 그 '논리적인' 이메일을 보고 나는 곧바로 수긍할 수밖에 없었지만, 기분은 여전히 그다지 좋지 않았다.

부학장은 바로 설득의 3요소 가운데, 자신의 권위를 이용한 에토스와 객관적인 설명을 이용한 로고스를 통해 나를 설득(수긍하도록)한 것이다. 만약 첫 이메일에 내 감정을 헤아린 언급이 조금이라도 있었다면 나는 바뀐 시간표를 흔쾌히 수긍할 수 있었을 것이다. 그래서 중요한 것이 다음에 설명할 파토스이다.

파토스, 청중의 감정을 움직이기

마지막으로, 설득의 3요소 중 하나인 파토스Pathos는 **청중의**

감정을 움직이는 것을 말한다. 나는 2023년 1월부터 세계 각지의 한인분을 대상으로 스피치 수업을 진행하고 있는데, 수업에 참여하는 분들께 수업 신청 이유를 물어보면 의외로 정말 많은 분이 이렇게 답변한다. "왠지 그냥 끌려서요." 언뜻 두루뭉술해 보이는 이 대답이 파토스를 설명하는 대표적인 예시라고 생각한다.

우리는 무언가를 결정할 때 매우 객관적이고 논리적으로 상대방의 메시지를 듣고 판단한다고 생각하지만, 잘 살펴보면 실은 **상대가 '우리의 감정'을 움직였는지가 최종 결정 사항에 큰 영향을 준다.** 이처럼 우리는 상대방이 우리의 감정을 건드렸을 때 비로소 상대의 메시지에 공감하고 따르고 싶어진다.

학생들을 가르칠 때도 마찬가지다. 종종 자신의 성적에 불만을 갖는 학생들이 내 오피스에 찾아와서 이의 제기를 하거나 자신이 왜 그 점수를 받았는지, 올려줄 수 없었는지 묻는 경우가 있다. 과거의 나는 최대한 감정을 배제하고 객관적으로 조목조목 왜 그 점수를 받을 수밖에 없는지에 대해서 길게 언급했다. 사실 더 점수를 깎을 수도 있었는데 그러하지 않았다면서 오히려 배려해줬다는 뉘앙스를 전했다(나도 모르게 나도 부학장과 같은 메시지를 전하고 있었다). 당연히 여기까지 들은 학생들은 더 이상 아무 말도 하지 못하고 돌아갈 수밖에 없다. 하지만 이렇게 되면 그들과의 관계는 더 가까워지지 못하고 어색한 거리가 유지된 채 학기를 마무리하게 된다. '감정'의 중요성을 알게 된 후, 나는 학생들이 성적 때문에 찾아오면 일단 그들의 감정부터 헤아려본다. 그리고 그들의 노력을 인정한다.

"나는 네가 이번 발표를 준비하는 데 얼마나 애썼는지 알아. 그렇게 노력한 것에 대해서 고마워하고 있어. 그리고 그 결과가 네가 기대했던 것에 미치지 못했다는 것이 안타깝다."

일단 이렇게 이야기하면 학생들의 눈빛이 바뀐다. '내 고민을 알아주는구나.' 하고 살짝 놀라워하면서 고마워하는 마음이 눈빛에서 전달된다. 그렇게 마음을 인정해주고 난 후에 내가 하고 싶었던 이야기를 한다. 더 나아지기 위해서는 어느 부분이 더 개선되어야 하고, 어떤 노력이 더 필요한지에 대해서 너무 많은 코멘트가 아닌 진짜 필요한 코멘트를 구체적으로 한다. 그리고 다음번에 나에게 조언을 구한다면 기꺼이 도와줄 수 있다고 이야기한다. 그러면 학생들은 오히려 나의 배려에 고마워하면서 오피스를 나가게 되고 이후 관계도 훨씬 좋아진다.

흔히 발표나 스피치에서 감정이라고 하면 울컥하거나 눈물 흘리며 말하는 화자의 감정이 설득력을 높인다고 오해할 수 있는데 이는 잘못된 생각이다.

설득에서 파토스는 화자의 감정에 중점을 두는 것이 아니라, **메시지를 듣는 상대방의 마음에 호소하고, 그 사람의 마음을 움직일 수 있는 근거를 마련하는 것**이다. 이는 결국 말하는 사람의 메시지에 청중이 동화될 수 있는 기술이다. 나는 실제로 학생들과 상담할 때 함께 울거나 동요하지 않고 최대한 담담하고 담백하게 말한다. 그러면서 반드시 상대의 감정을 인정하는 말하기를 한다. 그러면 상대방은 자신의 감정을 인정받았다고 느끼고 때때로 눈물까지 보이게 된다. 이처럼 화자는 자신이 사용하는 단어, 감정이 묻어나는 목소리 톤이나 빠르기, 생생하고 구체적인 스토리 등을 이용하여 인간이 느낄 수 있는 다양한 감정을 상대에게서 이끌어낼 수 있다.

〈세상을 바꾸는 시간, 15분(세바시)〉, 〈테드Ted〉 등의 강연을 보면서 우리가 어떤 스피치에 실제로 설득되는지 잘 살펴보자. **의외로 우리는 완벽해 보이는 사람들에게 끌리지 않는다. 우리와 비슷하면서도 뭔가 단단함이 보이는 사람들에게 감동하고 그들의 메시지에 설득된다.** 그 이유는 바로 우리의 '감정'이라는 것을 많은 분이 깨달았으면 좋겠다.

에토스, 로고스, 파토스를 갖추는 전략

앞에서 언급한 바와 같이 나의 생각과 관점을 전달할 때 에토스, 로고스, 파토스를 고려한다면 보다 설득력 있게 전달하는 것은 물론 소통 능력 함양에도 큰 도움이 된다. 그렇다면 어떻게 해야 이 3가지를 갖출 수 있을까. 설득의 3요소를 갖추기 위해 우리가 스피치나 발표에서 실천할 수 있는 전략을 알아보자.

- **에토스(화자의 신뢰성)를 높일 수 있는 방법**
  - 주제에 대한 전문성을 키워 전문가로서의 신뢰감을 높인다.
  - 본인에 대하여 적절한 홍보를 한다. 해당 분야에서 자신에 관한 긍정적인 평판이 있다면 더 좋다.

- 좋은 사람이 된다. 신뢰감 있고 호감 가는 이미지를 준다.
- 발표 장소에 일찍 가서 청중을 환영한다.
- 청중이 관심 가질 만한 주제나 사례를 든다.
- 청중 중 1, 2명을 직접적으로 언급하면서 공감을 이끌어 낸다.
- 미리 가서 아이스 브레이킹을 하면서 일상적인 대화를 주고받고 난 후 발표를 시작한다.

- **로고스(주장의 논리성)를 높일 수 있는 방법**
- 합당한 수준의 논리로 주장을 한다. 일반적인 사람도 쉽게 수긍할 수 있는 주장을 내세워야지, 너무 극단적이거나 비약적인 주장을 하면 반감을 사게 된다.
- 흑백논리식 사고를 지양한다. "여기 계신 모든 분이 알고 있듯이~", "한 분도 예외 없이 모두가 필요한~" 식으로 말하지 말아야 한다.
- 하나의 큰 주장을 내세울 경우, 그 큰 주제를 3가지 세부 내용으로 쪼개어 하나씩 설명할 수 있도록 한다.
- 신뢰성을 보장할 수 있는 자료의 출처를 분명히 밝힘으로써 발표자의 주장에 타당성을 더한다.
- 주장을 뒷받침하는 근거(특히 숫자나 통계)는 되도록이면 최근 자료를 사용한다.

- **파토스(청중의 감정)를 이끌어낼 수 있는 방법**
  - 예시에 생생함을 더할 수 있는 시각적 이미지나 영상을 활용한다.
  - 청중에게 보다 의미 있게 다가갈 수 있는 단어를 신중히 선택하는 것이 좋다(마틴 루서 킹 목사가 "I have a dream."이라고 하지 않고 "I have an idea."라고 했다면 지금까지 이렇게 여러 사람에게 회자될 수 없었을 것이다).
  - 꼭 필요한 경우가 아니라면 청중이 이해하기 어려운 단어나 표현은 쓰지 않는 것이 좋다.
  - 좋은 스토리를 잘 선별한다. 우리 각자가 경험한 환경과 생각이 다르기 때문에 주제에 맞는 나만의 스토리를 발견하고 발전시켜서 전달할 수 있다면, 청중의 주의를 끌고 감정을 환기시킬 수 있다. 이때는 일반적 이야기가 아닌 구체적 사례로 서술하는 것이 포인트다.

2

첫인상에서
호감을 만들어라

면접 합격을 좌우하는
결정적인 4가지

　누구나 한번쯤 입시, 취업, 이직에서 면접을 본 경험이 있을 것이다. 아마도 면접을 잘 본 경험보다는 버벅거리고, 엉뚱한 대답을 하고 나중에 '아, 왜 이 이야기를 못했지.' 하고 후회한 경험이 더 많을 것이다. 예상 질문대로 공부하고 준비를 열심히 했는데 어째서 면접에서는 말을 잘하지 못하는 걸까. 자신이 체험한 일을 논리적으로 구조화해 전달한 경험이 부족하기 때문이다. 물론 이런 경험은 1, 2번의 연습으로 좋아지기 쉽지 않다. 하지만 면접에서 합격을 좌우하는 4가지를 기억한다면 면접을 더 잘 준비하고 면접관에게 더 좋은 인상을 남길 수 있다.

예상 질문과 답변을 달달 외우지 말아야 한다

우리는 외운 내용을 말할 때 평소 대화하는 것보다 빠른 속도로 말하는 경향이 있다. 또한 외운 내용을 머릿속에서 끄집어내는 과정에서 "음…", "그래서…", "그러니까…" 등 불필요한 습관어를 많이 사용하게 된다.

면접을 준비할 때는 예상 질문에 관한 핵심 메시지와 그에 해당하는 **예시와 근거를 키워드 중심으로 정리**해서 연습해야 한다. '토씨 하나라도 틀리면 절대 안 돼.'가 아니라 키워드 이외의 표현들은 바꿔도 된다는 마음으로, 연습을 통해 자연스럽게 말하는 것이 몸에 배야 한다. 그래야 실전 상황에서도 핵심 내용에 임기응변식으로 자연스럽게 살을 붙이면서 이야기할 수 있다.

답변은 두괄식으로 한다

질문을 받으면 가장 중요한 내용을 먼저 이야기해야 한다. "회사에서 어떤 동료가 되고 싶습니까?"라는 질문을 받았다면 "신뢰가 가는 동료가 되고 싶습니다. 왜냐하면…." 이렇게 질문에 대한 대답을 먼저 하고, 뒷받침할 예시나 근거는 그 뒤에 이어 설명하면 된다. 예시나 근거는 2, 3가지가 적당하다. 근거를 하나만 든다면 근거로서 부족해 보이고, 3개가 넘는다면 내용이 기억에 남지 않게 된다.

자주 쓰는 표현에 유의해야 한다

추상적인 단어나 자신감 없는 표현은 되도록 쓰지 말아야 한다. "정말", "진짜 좋은", "아주 긍정적", "큰 의미", "엄청난" 등의 추상적인 표현은 당사자만 그 의미를 알뿐 상대방에게는 사실 크게 와닿지 않는다. 더구나 이런 표현을 자주 쓴다면 내용을 과장하는 것처럼 들린다.

또한 "~인 것 같아요." "제 생각에는~"이라는 표현도 너무 자주 하면 자신감이 없다는 인상을 주게 되어 좋지 않다. 면접에서는 가급적 구체적이고 명확한 표현을 쓰도록 하자(자세한 방법은 다음 장에서 참고하기 바란다).

실패 경험을 묻는 질문에는 긍정적으로 마무리하도록 하자

면접의 단골 질문 가운데 하나는 자신의 성격적인 단점이나 최근 실패한 경험에 대해서 말해달라는 것이다. 내가 가르치는 학생들도 이런 질문을 받으면 상당히 난처해한다. 성공한 이야기만 해봤지 실수나 실패에 대한 이야기를 대놓고 이야기해본 적이 없기 때문이다. 여기서 중요한 점은 답변을 할 때 순수하게 단점, 실패만 이야기해서는 안 된다는 것이다. 면접관이 그 질문을 한 이유는 무엇인지, 질문을 통해 알고자 하는 것은 무엇인지 진짜 의도를 파악해야 한다. 이런 질문의 의도는 직장 생활 혹은 비슷한 상황에서 실제로 어려운 일을 겪을 경우 당신이 어떻게 행동할지 미리 알고 싶어서다. 그러니 비슷한 상황에서 당신이 어떻게 처신할 것인지 설명할 수 있어야 면접관에게 '이 사람을 뽑아도 괜찮겠다.'라는 믿음을 줄 수 있다.

가: 대학교 4학년 마지막 학기에 들은 A 수업의 팀 프로젝트에서 잘못된 자료를 전달해 발표를 망친 일이 있습니다. 제가 착각해서 B 수업의 발표 자료를 발표자에게 전달했기 때문입니다. 이렇게 덜렁거리는 성격이 제 단점이라고 생각합니다.

나: 대학교 4학년 마지막 학기에 들은 A 수업의 팀 프로젝트에서 잘못된 자료를 전달해 발표를 망친 일이 있습니다. 제가 착각해서 B 수업의 발표 자료를 발표자에게 전달했기 때문입니다. 발표 당일 저는 실수를 인지하고 A 수업 교수님께 사실을 말씀드려 추가 발표의 기회를 얻을 수 있었습니다. 그날 수업을 들은 학생들과 팀원들에게도 제 실수를 사과하고, 저 때문에 당황한 발표자를 도와 발표 준비를 더 철저히 했습니다. 그 결과 추가 발표일에 발표를 성공적으로 마치고 최고 점수를 받을 수 있었습니다. 저는 이날 실수를 계기로 다른 사람에게 자료를 전달하기 전 한 번 더 검수하고 보내게 되었습니다. 또 솔직한 태도로 용서를 구하고 철저히 준비해 실수를 만회하는 방법을 배울 수 있었습니다.

어떤가. 순수하게 실패와 단점을 이야기한 '가'의 답변에서는 덜렁거리는 성격과 실패 경험만 부각되었다. 하지만 실패를 극복하고 만회한 경험과 자신의 단점을 보완한 경험을 덧붙인 '나'의 답변에서는 솔직한 성격과 책임감 등 강점이 더 강조되었다.

단점이나 실패 경험이 없는 사람은 없다. 그렇지만 실패에서 아무것도 배우지 못한 사람이나 단점을 고치려는 의지가 없는 사람은 어느 회사에서도 환영하지 않는다. 따라서 이런 질문을 받는다면 실패할 수밖에 없었던 상황을 설명하고, 그 상황을 이겨내서 어떤 성과를 이루었는지, 혹은 목표한 바를 이루지 못했다 하더라도 그 과정을 통해 무엇을 배웠고, 앞으로 그 실패를 반복하지 않기 위해 어떻게 할 것인지에 대해서 중점적으로 대답하는 것이 핵심이다. 또 많은 사람이 실패의 원인을 팀원의 잘못이나 개인적인 무능함으로 돌리는데 면접관의 입장에서는 팀워크에 부합하지 않아 보이므로 마이너스 요소로 작용한다.

지금까지 면접과 인터뷰에서 반드시 알아야 할 4가지 전략을 알아보았다. 한 가지 팁은 **내 답변을 면접관의 입장에서 생각해보는 것**이다. 면접관의 입장에서 남과 다를 바 없는 답변을 하고 있지는 않은가. 면접에서 남과 차이를 만들어낼 수 있는 한 가지 방법은 **내 경험과 내 생각을 최대한 구체적으로 밝히는 것**이다. 면접관 입장에서 생각하고, 면접관의 의도를 파악하고, 또 내 생각과 경험 속에서 나만의 메시지를 통해 경쟁력을 만들어낸다면 면접을 '무조건' 통과하는 강한 무기가 될 것이다.

면접 시작 1분 만에
'광탈' 하는 표현 5가지

종종 학생들의 취업 면접을 돕다 보면 국적을 막론하고 학생들이 자주 쓰는 표현을 발견하게 된다. 일상생활에서 흔히 쓰는 표현이라 그냥 들으면 크게 거슬리지 않지만, 면접이나 발표와 같은 상황에서는 자신감 없는 모습으로 보이는 표현들이다. 면접은 내가 회사에 필요한 사람이며, 회사에서 필요한 역할을 할 수 있다고 피력하는 자리이다. 여기에서 얼버무리거나 자신감 없는 표현은 전체적인 이미지를 저해하고 결국 좋은 결과로 이어지기 어렵다. 우리가 습관처럼 자주 쓰지만 면접이나 발표에서 피해야 하는 표현은 무엇이 있을까. 내가 학생들에게서 발견한 표현은 주로 5가지다.

1. ~도록 노력하겠습니다

"제 인턴십 경험을 바탕으로 이 회사에서 반드시 좋은 성과를 내도록 노력하겠습니다."
"문의하신 내용은 제가 다시 살펴보고 빠른 시일 내에 전달해드리도록 노력하겠습니다."

목적을 위해 분투하고 노력하겠다는 데 이게 왜 문제일까. '노력하겠다'는 겸손해 보이고 싶은 마음에서 나온 표현일 것이다. 하지만 면접이나 발표에서 이런 표현을 자주 쓰면 뭔가 빠져나갈 구석을 만드는 것처럼 들린다. 왜냐하면 노력은 확답이 아니기 때문이다. 자신감이 떨어지는 표현이므로, 자연적으로 설득력이 떨어진다.
그렇다면 어떻게 해야 할까. 노력하겠다는 표현은 지양하고 더 명확한 표현으로 바꿔주는 게 좋다.

· 수정 후

"제 인턴십 경험을 최대한 살려서 이 회사에서 반드시 좋은 성과를 내겠습니다."
"문의하신 내용은 제가 다시 살펴보고 내일 오전까지 전달하겠습니다."

2. 제 생각에는, 제가 보기에는, ~인 것 같습니다, ~라고 생각합니다

"저에게 기회만 주신다면, 이 회사에 좋은 자원이 될 것이라고 생각합니다."

"제 생각에 지금은 ○○에 좀 더 집중을 하는 것이 맞는 것 같습니다."

무엇이 문제일까? 이미 말하고 있는 사람은 당신이고, 당연히 당신의 생각이다. '제 생각은'이라는 표현은 중복적이고 불필요할뿐 아니라 역시나 확신과 자신감이 부족한 표현으로 들린다. '제가 보기에는', '~라고 생각합니다' 등 표현도 마찬가지다. 자기 의견에 확신을 가지고 주장하는 게 아니라 한걸음 물러선 인상을 준다. '~인 것 같습니다'라는 표현 역시 자신감 없어 보인다. 그렇다면 어떻게 표현해야 할까?

• 수정 후

"저에게 기회를 주신다면, 이 회사에 좋은 자원이 될 것이라고 자신합니다."

"제가 공부한/연구한 바에 의하면 지금은 ○○에 좀 더 집중해야 합니다."

자, 자신감의 차이가 느껴지는가?

3. 그냥, 조금, 단지

"대학교 때 학과 프로젝트에 조금 참여한 적이 있습니다. 그 프로젝트는 그냥 작은 중소기업을 돕는 그런 프로젝트였는데요. 잠깐 3개월 정도 참여했습니다. 제가 그 당시에는 단지 인턴이었기 때문에 크게 일조하지 못했습니다만 정직원이 된다면 더욱 확실히 일조하고 싶습니다."

조금, 그냥, 잠깐, 단지… 이런 단어들은 대단한 성과가 아니기 때문에 과장하고 싶지 않다는 겸양에서 비롯된 표현이다. 그러나 이런 표현을 쓰면 듣는 사람은 발표자가 말하는 내용을 더 이상 중요하게 여기지 않게 된다. 중요한 면접이나 발표는 면접자의 성과나 경험이 최대한 돋보여야 하는 자리다. 그렇다면 면접자 스스로가 자신의 성과를 폄하해서는 절대 안 된다. 이런 표현만 빼도 발표가 훨씬 깔끔하고 자신감 있게 보인다. 또한 경험을 말할 때는 그 경험이 어떤 성과로 이어졌는지, 그 경험을 통해 무엇을 느꼈는지, 그 경험을 바탕으로 (이 회사에서) 어떤 역할을 할 수 있는지 등 내용을 포함해 구체적으로 발표하는 게 좋다.

· 수정 후

"저는 대학교 3학년 시절 지역 중소기업을 돕는 학과 프로젝트에

3개월간 참여한 경험이 있습니다. 저는 인턴으로서 학내에서 개최되는 상품 박람회의 SNS 홍보를 맡았습니다. 어떻게 하면 중소기업 상품과 행사에 대한 관심을 유발할 수 있을까 고민한 저는, 각 중소기업의 정체성과 성격이 드러나는 재미있는 상품 10가지를 선정하여, 이 상품을 만나려면 박람회로 오라는 문구와 함께 상품을 위트 있게 소개하는 10가지 포스터를 제작해 SNS에 순차적으로 업로드하였습니다. 해당 포스터는 SNS에서 40여 차례 공유되며 확산되었습니다. 그 결과 박람회는 예상 관람 인원인 4천 명을 뛰어넘는 7천8백 명이 방문하는 등 성공적으로 치러졌습니다. 저는 SNS 홍보에서는 신선한 발상과 재치가 좋은 반응을 얻는다는 것을 알게 되었고, 프로젝트의 성공을 좌우하는 SNS 홍보의 위력 또한 알게 되었습니다. 신선한 아이디어로 박람회를 성공으로 이끈 경험을 바탕으로 회사의 홍보에 일조하고 싶습니다."

4. 100%, 모두 아시다시피, 정말(진짜), 좋은, 중요한

"여러분 모두 아시다시피 코로나19는 100% 경기 침체의 원인입니다."

"그 프로젝트 경험은 정말 저에게 진짜 중요한 의미로 다가왔습니다."

앞서 들었던 예시와는 반대로 너무 확신에 찬 말도 피해야 할 표현 중 하나다. 많은 학생이 자주 쓰는 표현이기도 하다. 왜 이런 표현을 쓰게 되는 것일까? 상대방의 공감을 구하고 싶거나 자신의 경험을 강조하고 싶기 때문이다.

하지만 듣는 사람은 각자의 경험과 지식 수준이 다르기 때문에 말하는 사람과 같은 레벨에서 동의할 수 없는 경우가 많다는 것을 꼭 기억해야 한다. "모두 아시다시피" 혹은 "100%"라고 말하는 순간, 자동적으로 '나는 아닌데', '나는 다른 요인이 더 있다고 생각하는데' 하는 식으로 반박이나 공격의 가능성을 오히려 열게 된다.

"정말", "진짜", "큰 의미" 등은 나만의 주관적인 경험으로 상대가 공감하지 못하는 표현인 데다 과장되게 들리기 때문에 설득력이 떨어진다. 그렇다면 어떻게 해야 할까. 극단적, 주관적 표현들을 객관적인 수치나 예시로 바꿔주면 된다.

• 수정 후

"○○의 최근 보고서에 따르면, 코로나가 현재 국가적 경기 침체에 ○○% 영향을 주었다고 합니다."

"그 프로젝트를 경험하면서 저는 내부 자원 배분의 중요성과 인적 네트워크의 힘에 대해서 배우게 되었습니다."

주관적 표현을 최대한 자제하면서 객관적인 수치 혹은 경험

위주로 내용을 전달하면서 그에 대한 판단은 상대방이 하도록 맡겨야 한다.

5. 솔직히 말해서, 사실은

"솔직히 말해서 제 생각은 팀의 의견과는 달랐습니다."
"사실은 그 프로젝트가 저에게 큰 영향을 미치지는 못했습니다."

상대방과 공감대 형성을 하거나, 친밀감을 높이려고 본인이 솔직하게 말하고 있다는 걸 강조하는 사람들이 있다. 일상생활에서 캐주얼하게 쓰는 것은 문제없지만, 중요한 면접이나 전문적인 발표를 하는 상황이라면 이런 표현은 불필요할 뿐 아니라 내용이 정돈되지 않았다는 느낌을 준다.

· 수정 후

"제 생각은 팀의 의견과는 달랐습니다."
"그 프로젝트가 저에게 큰 영향을 미치지는 못했습니다."

이상 중요한 자리에서 쓰지 말아야 할 표현 5가지를 알아보았다. 지금까지 제안한 내용들은 다른 사람이 되라거나 가면을 쓰라는 것이 아니라는 점을 다시 한번 강조한다. 외향적이거나 자신감에 차 있는 듯이 행동할 필요도 없다. 오히려 자신에게 없는 모습을 짜내 연출하면 말과 행동의 어색함이 그대로 청중과 면접관에게 전해진다. 그러므로 나의 내면에 있는 조용한 열정calm passion을 최대한 끌어올린다는 마음으로, 이전 경험과 성과를 바탕으로 최선의 잠재력을 드러낸다고 생각하면 된다. 그런 마음으로 면접이나 발표에 임한다면 표정과 말투에서도 자연스럽게 당당함과 진심이 묻어날 것이다.

세상에서 제일 쉬운 자기소개

　자기소개는 우리가 새로운 환경에서 새로운 사람들을 만날 때 가장 먼저 하는 행동 중 하나이다. 자기소개를 하라고 하면 보통 이름, 사는 곳, 나이 등을 이야기하는 게 대부분이다. 짧은 순간이기 때문에 자기소개의 중요성을 간과하고 지나가기 십상이다. 하지만 자기소개는 나의 첫인상을 결정하는 가장 결정적인 순간이다. 자기소개가 중요한 이유는 다음과 같다.

　먼저 자기소개는 **첫인상을 형성한다.** 말 그대로 누군가를 처음 만나면 사람들은 서로에 대해서 어느 정도 판단을 하기 마련이다. 이때 자기소개에서 우리는 생각 외로 꽤 많은 정보를 얻을 수 있다. 그 사람이 중요하게 여기는 것, 말투와 표정 등 외적인 요소, 나와 결이 맞는 사람인지 아닐지에 관한 판단까지 할 수 있다.

우리나라의 한 결혼 정보 회사가 1회 이상 맞선을 본 남녀를 대상으로 '맞선 자리에서 상대방을 파악하는 데 걸리는 시간'에 대해 설문 조사를 실시한 결과 응답자의 63%가 '1분 이내'라고 대답했다. 따라서 간결하면서도 명확한 자기소개는 상대방에게 긍정적인 이미지를 심어줄 수 있다.

자기소개가 중요한 두 번째 이유는 나의 경력과 주요 성과 등 **나의 전문성을 보여주고 상대방의 신뢰를 얻는 기회**가 되기 때문이다.

일본 교토대학의 시노부 기타야마 교수 연구진[*]에 따르면 처음 만나는 사이에서는 성격과 같은 사적인 영역의 장점보다는 전문 분야에서의 성과를 드러낼 때 상대가 더 높은 호감도를 보인다. 따라서 우리가 프로의 영역에서 처음 만나는 사이라고 가정할 때, 자신의 전문 분야에 해당하는 객관적인 정보를 공유하는 것이 상대방의 호감을 사는 데 도움이 된다.

예를 들어 다른 회사와 하는 첫 업무 미팅에서 A와 B의 자기소개 중 어떤 소개가 신뢰감을 줄지 생각해보자.

A: 안녕하세요. 저는 ○○회사 기술영업팀 김○○ 부장입니다. 저는 사람을 만나는 걸 좋아하고, 새로운 인연을 통해 에너지를 얻는 타입이에요. 팀원들과도 항상 허물없이 소통하려 노력하고, 직원들에게 늘 개방적이고 따뜻하게 다가가는 스타일입니다. 때로는 업무 시간 외에도 팀원들과 이야기를 나누는데, 이러한 소통 방식이 팀의 화합을 도모하고 시너지를 내는 데 기여한다고 생각합니다.

B: ○○회사 기술영업팀 김○○ 부장입니다. ○○회사분들과 ○○ 구매 관련 미팅을 하게 되어 기쁩니다. 저는 회사에서 구매 업무를 16년째 담당하고 있고요. 회사의 프로젝트에 필요한 물량을 예측하고 미리 확보해 시세 변동에 유연하게 대응하는 걸 중요하게 생각합니다. 작년 건설업계 철강 가격 급등 시기에 프로젝트에 필요한 철강을 미리 확보함으로써, 단순한 구매를 넘어 회사에 전략적 방어막 역할을 했습니다. 이는 제가 늘 강조해온 '선제적 대응'의 대표적인 사례입니다. 이번 미팅을 계기로 저희는 좋은 품질의 자재를 확보하고, 귀사에서는 새로운 판로를 개척해서 양 사에 좋은 인연과 성과로 이어지기를 희망합니다.

첫 업무 미팅에서 신뢰감을 주는 것은 B의 자기소개이다. 이처럼 업무적인 만남이라면 성격적인 장점 대신 전문 분야의 객관적인 정보를 먼저 공유하는 게 더 도움이 될 것이다.

이처럼 잘 준비된 자기소개는 **상대방과 더 나은 관계로 발전하는 기회**가 될 수 있다. 전술한 것처럼 대부분의 사람은 아주 짧은 시간만으로도 상대방을 파악하고, 앞으로 더 관계를 이어나갈지 말지 결정한다고 한다. 앞으로 업무적으로 좋은 관계를 맺고 싶은 사람이 있다면 자기소개를 효과적으로 함으로써 좋은 첫인상을 주고, 긍정적인 관계를 맺는 계기로 만들어야 한다.

프로페셔널한 자기소개는 첫인상을 결정짓는 중요한 부분이고, 그 첫인상은 웬만해서는 쉽게 바뀌지 않는다. 그러므로 특히 자기소개를 하면서 주의할 점이 있다.

자기소개에서 주의할 점

1. 허위 과장된 정보 제공

때로는 너무 좋은 인상을 주고 싶은 나머지 자신을 과대평가하거나 사실이 아닌 과장된 정보를 드러내는 경우가 있다. 예를 들어 결정권이 자신에게 없는데도 결정권자인 듯 행세한다거나 학력이나 경력을 부풀려 말하는 경우도 여기에 해당한다. 한두 번 볼 사이라면 이런 방법이 짧게나마 효과를 볼 수도 있겠지만, 이렇게 사실과 다른 정보를 제공하는 것은 추후 오히려 신뢰성에 문제를 일으킬 수 있다. 따라서 자기에 대한 진실성 있는 정보를 소개하는 것이 훨씬 중요하다.

2. 준비 부족

가끔씩 즉흥적으로 자기소개를 하는 것이 더 자연스러워서 좋다는 사람들이 있다. 큰 목적 없이 만나서 인사하는 경우라면 자연스러움을 추구하는 즉흥적인 자기소개가 더 좋을 수도 있다. 하지만 아무런 준비 없이 즉흥적으로 자기소개를 하면 중요한 정보를 빠뜨리거나, 자칫 삼천포로 빠져서 포인트가 흐려지게 될 수도 있다. 프로의 영역에서는 자기소개도 체계적이고 명확해야 하며, 이를 위해서는 사전에 그만큼의 준비가 필요하다.

3. 길고 복잡한 소개

자기소개가 너무 길면 상대방이 관심을 잃을 수 있다. 평범한 가정에서 몇남 몇녀의 막내로 태어났고, 어떤 환경을 거쳐서 어떤 학교를 나왔고…. 이렇게 일생 전체를 늘어놓는 식의 자기소개는 결코 좋은 인상을 줄 수 없다. 이때는 상대방의 입장에서 꼭 알아야 하는 간결하고 핵심적인 정보만을 전달하는 것이 중요하다. 첫 대면에 너무 디테일한 개인사를 말하는 것도 상대방을 부담스럽게 만들 수 있어 좋지 않다. 이때는 직업적인 부분에만 해당하는 정보를 공유하는 것이 좋고, 복잡하고 전문적인 용어를 너무 많이 사용하는 것은 지양해야 한다.

4. 비언어적 신호 무시

전달하는 말의 내용도 중요하지만, 동시에 전해지는 습관적인 제스처나 표정, 목소리 톤 등 비언어적 요소들도 중요하다. 상대방의 눈을 제대로 마주치지 못하거나 목소리가 유독 작다면 자신감이 없어 보이기 때문에 좋은 인상을 줄 수 없다. 목소리가 단조롭거나 표정이 다양하지 않다면 자칫 만남을 기쁘게 생각하지 않는다는 인상을 줄 수 있기 때문에 상대방에게 친절한 표정과 환대하는 태도를 보여주는 게 좋다. 자기소개하는 그 짧은 시간만이라도 최선의 면모를 보여준다면, 상대방에게 좋은 인상을 남길 수 있을 것이다.

그렇다면 깔끔하고도 눈에 띄는 자기소개는 어떻게 해야 할까. 자기소개를 효과적으로 하려면 어떤 요소들을 갖춰야 하는지 알아보자.

효과적인 자기소개

1. 간결하고 명확할 것

긴 이야기보다는 자신의 이름, 현재 직업 혹은 역할, 그리고 이와 관련된 가장 중요한 성취나 전문 분야를 간결하게 소개하는 것이 좋다.

여기서 중요한 팁은 **현재-과거-미래** 순서로 이야기를 전개하는 것이다.《하버드 비즈니스 리뷰》*에 소개된 이 방법은 간단하면서도 명확하게 자기를 나타낼 수 있다. 앞선 B의 자기소개를 다시 한번 살펴보자.

> 현재: ○○회사 기술영업팀 김○○ 부장입니다. ○○회사분들과 ○○ 구매 관련 미팅을 하게 되어 기쁩니다. 저는 회사에서 구매 업무를 16년째 담당하고 있고요.

이 다음은 이전에 했던 일 중 가장 강조하고 싶은 것을 이야기하면 된다.

> 과거: 회사의 프로젝트에 필요한 물량을 예측하고 미리 확보해 시세 변동에 유연하게 대응하는 걸 중요하게 생각합니다. 작년 건설업계 철강 가격 급등 시기에 프로젝트에 필요한 철강을

미리 확보함으로써, 단순한 구매를 넘어 회사에 전략적 방어막 역할을 했습니다. 이는 제가 늘 강조해온 '선제적 대응'의 대표적인 사례입니다.

마지막으로는 앞으로 그 모임에서 기대하는 내용에 대해 언급하면서 마무리하면 좋다.

미래: 이번 미팅을 계기로 저희는 좋은 품질의 자재를 확보하고, 귀사에서는 새로운 판로를 개척해서 양 사에 좋은 인연과 성과로 이어지기를 희망합니다.

비즈니스 환경에서 간결하고 명확하며 효과적인 자기소개를 하려면 '현재-과거-미래'를 기억하자. 훨씬 프로페셔널하며 신뢰감 있는 인상을 줄 수 있다.

2. 맞춤형 소개

상황과 만나는 대상에 따라 자기소개 정보를 그때그때 수정해야 한다. 예를 들어 업무 모임에서는 전문성을 강조하고, 친목 모임에서는 조금 더 개인적인 측면을 부각할 수 있다. 종종 개인적인 사교 모임에서 자신의 직무나 직책을 강조하는 사람들이 있는데, 그렇게 되면 그 모임의 목적과 맞지 않기 때문에 사람들이 오히려 거리감을 느낄 수 있다. 자신이 아무리 회사의 대표라고 할지언정, 그 모임이 달리기 혹은 명상을 하는 사람들의 모임이라면, 자신이 그 취미를 갖게 된 계기나 목표를 이야기함으로써 사람들과의 공감대를 형성하는 것이 보다 현명한 방법일 것이다.

3. 자신감 있는 태도

자신감 있는 목소리와 태도는 매우 중요하다. 특히 상대방에게 긍정적인 첫인상을 주려면 상대방과 적절한 눈 맞춤을 유지하면서도 밝은 톤으로 에너지를 넣어서 생기 있게 말하는 것이 좋다. 아무리 내향적이고 차분한 성격이라고 할지라도, 자기소개만큼은 최대한 밝고 생기 있는 모습을 보여주는 것이 좋은 첫인상을 만드는 데 큰 역할을 한다.

지금까지 좋은 첫인상을 만드는 자기소개 방법을 알아보았다. 현재-과거-미래 순서로 간결하고 명확하게 소개하고, 상황과 대상에 따라 유연하게 내용을 수정하며, 자신감 있고 밝은 모습을 보여주는 것이 핵심이다. 이렇게 자기소개를 준비하면 상대에게 프로답고 긍정적인 첫인상을 심어줄 수 있다.

스몰 토크의 기술:
대화를 효과적으로 이끄는 방법

잘 모르는 사람들 사이에서 도대체 어떻게 말을 시작해야 할지 난감했던 경험이 누구나 한 번쯤은 있을 것이다. 우리가 종종 경험하는, 하지만 의외로 너무나 어려워하는 것이 바로 '스몰 토크'이다. 이런 가벼운 대화가 사회생활에서 얼마나 중요한지, 어떻게 하면 더 재미있고 의미 있는 대화를 할 수 있는지 함께 알아보자.

먼저 스몰 토크는 짧고 가벼운 대화를 말하는데, 본격적인 주제로 들어가기 전 워밍업 단계에서 하는 말들이 스몰 토크에 해당한다. 이것은 사람들 사이의 친밀감을 높이고, 분위기를 부드럽게 만드는 데 도움을 준다. 일상적인 주제에서부터 시작해 서로를 더 잘 이해할 수 있는 기회를 제공한다. 이런 대화는 간단해 보이지만, 사실은 미묘하고 중요한 역할을 한다. 예를 들어 업무 환경에서 스몰 토크는 팀워크를 촉진하고 사회적 네트워크를 형성하는 데 기여하며, 또한 새로운 환경에서 긴장을 완화하고 친근감을 조성하는 데 도움을 준다. 그럼 스몰 토크에 좋은 주제에는 어떤 것들이 있을까?

스몰 토크에 좋은 주제

- **날씨**

날씨 얘기는 가장 흔한 스몰 토크 주제 중 하나다. "요즘 가을 날씨 정말 좋네요, 주말에도 이렇게 하늘이 맑고 단풍이 짙었으면 좋겠어요!"라고 말하면서 상대방의 의견을 물어보자. 이렇게 간단한 대화를 통해 서로에 대해 더 알아갈 수 있다.

- **영화/책**

최근 본 영화나 읽은 책에 대한 대화는 훌륭한 스몰 토크 주제이다. "요즘 어떤 책을 읽고 계세요? 저는 최근에 『승자의 언어』라는 책을 읽었는데 정말 흥미로웠어요. 그 책 읽어보셨어요?" 같은 질문은 상대방의 관심사를 탐색하는 좋은 방법이 될 수 있다.

- **음식/여행**

그 밖에도 "어떤 음식 제일 좋아하세요?" "출퇴근하면서 어떻게 시간을 활용하세요?" 등 일상과 관련한 주제나 "올여름에 여행 계획 있어요?" 등 앞으로의 계획에 대한 질문도 좋다.

하지만 스몰 토크에서 반드시 피해야 할 주제도 있다. 정치나 종교 같은 민감한 주제는 종종 갈등의 원인이 될 수 있다. 이런 주제는 사람들 사이의 의견 차이를 불러일으킬 수 있기 때문에, 특히 처음 만난 사람과의 대화에서는 피하는 것이 좋다.

너무 개인적인 질문이나 불편할 수 있는 주제도 조심해야 한다. 예를 들어 재정 상태나 가족 문제 등 개인적인 정보를 묻는 것은 상대방을 불편하게 할 수 있다. 대화에서는 가볍고 긍정적인 주제를 유지하는 것이 좋다.

스몰 토크를 잘하는 방법

- **진짜 관심 보이기**

상대에게 관심을 보여야 한다. "요즘 어떻게 지내세요?"라고 질문해놓고 건성으로 듣는다면 상대방이 진정으로 소통하고 있다는 생각이 들지 않을 것이다. 상대방과 눈을 맞추면서 진정으로 관심을 갖고, 고개를 끄덕이거나 짧게 호응을 하는 등 진심으로 대화에 참여하여 대화를 더 풍부하고 의미 있게 만들어야 한다.

- **긍정적인 리액션**

긍정적인 태도는 대화의 분위기를 밝게 만든다. 부정적인 이야기보다는 긍정적인 이야기를 나누고, 칭찬과 긍정적인 코멘트로 대화를 이끌면 상대방도 편안하게 느낄 수 있다. "그게 왜 좋은데?" "나는 그거 별로던데?"라는 대답보다는 "와, 진짜 재밌겠다!" "저도 꼭 해보고 싶어요. 나중에 제대로 배워볼게요!"라는 식으로 상대방의 기분이 좋아지도록 대화를 나눠야 한다.

- **질문하기**

질문을 통해 대화를 확장하는 것은 스몰 토크의 핵심이다. 질문을 통해 상대방의 이야기를 끌어내는 것인데, 특히 내가 추천하는 방법은 **더블 클릭**이다. 우리가 더블 클릭을 언제 하는가? 바로 컴퓨터에서 폴더를 열 때다. 대화에서 더블 클릭은 상대방의 이야기 가운데 더 알고 싶은 내용을 찾고 그 내용에 대해 더 자세히 묻는 것이다. 우리는 보통 상대방과 이야기 나눌 때 자신이 다음에 할 말을 생각하지 상대방의 이야기를 귀담아 듣지 않는다. 대화할 때 자기 생각을 멈추고 상대방이 하는 이야기에 더 집중하면 상대방은 대화 경험을 아주 긍정적으로 기억하게 될 것이다. 상대방이 "지난 겨울에 나 하와이 다녀왔어."라고 했을 때 "그래? 나는 싱가포르 다녀왔는데." 하는 게 아니라 "하와이 어디로 갔어? 오아후? 카우아이? 뭐가 좋았어?"라는 식으로 상대가 더 이야기를 할 수 있게끔 유도하는 것이 좋다. 내가 실제로 학생들에게 네트워킹을 하는 자리에서 꼭 써보라고 하는 팁이고, 나 자신도 학회나 강연장에서 유용하게 쓰는 스몰 토크 방법이니 독자 여러분도 꼭 써보시길 권한다.

학생들을 억대 연봉으로 만들어준
면접 전략 3가지

취업과 면접 시즌이 되면 많은 분이 걱정에 휩싸인다. '도대체 어떻게 말해야 나의 진가를 알까?'가 수많은 취준생과 이직러가 고민하는 바일 것이다.

나는 경영대에 있는 스피치 교수이기에, 아무래도 내 수업을 듣는 학생들이 면접에 프로답게 대비할 수 있도록 도와주고 있다. 이렇게 1년 남짓 준비한 학생들 가운데 많은 학생이 목표로 하는 회사에 입사한다.

여기에서는 면접을 준비할 때 가장 중요하게 알아야 하는 것들과 더불어 어떤 질문에도 유연하게 답변할 수 있는 템플릿을 하나 소개하려고 한다. 내가 실제로 학교에서 강의하는 내용 가운데 무척 중요한 부분이어서 공개하기 망설여졌지만, 이 책을 선택한 독자분들의 도전과 성장을 응원하기에 과감하게 풀어보겠다.

사실 면접 준비는 많은 구직자에게 어려운 과정 중 하나이다. 그 이유는 다음의 3가지다.

면접이 어려운 이유

1. 불확실성과 예측 불가능성

면접은 예측할 수 없는 질문들로 가득하다. 면접관마다 선호하는 질문 스타일이 다르고, 때로는 예상치 못한 질문들이 나올 수 있다. 아무리 대비하고 외웠다손 치더라도, 우리가 컨트롤할 수 없는 이러한 미묘한 불확실성은 면접 준비를 더욱 어렵게 만드는 요소다.

2. 효과적으로 전달하는 것의 어려움

자신의 경험과 역량을 짧은 시간 안에 효과적으로 전달하는 것은 사실 쉽지 않다. 수많은 경험 중 어떤 경험을 언급할지, 그리고 그 경험이 어떻게 해당 직무에 적합한지 설명하는 것은 많은 사람이 어려워하는 부분이다. (바로 이 부분에 대처할 수 있는 템플릿은 95~96쪽에서 확인할 수 있다.)

3. 긴장감과 압박감

면접은 대부분의 사람들에게 매우 중요한 순간이다. 수많은 구직자에게 면접의 기회는 절체절명의 순간인 만큼 이로 인한 긴장감과 압박감은 면접 준비 과정을 더욱 어렵게 만들고, 때로는 실제 면접에서 준비한 대로 선보이지 못하게 되는 경향이 있다.

이 3가지를 고려해 내가 그동안 학생들 면접 코칭을 할 때 중요하게 강조한 내용들은 다음과 같다.

면접에서 반드시 고려해야 하는 3가지

1. 불확실성과 예측 불가능성을 최소화해야 한다

아무리 면접관의 스타일을 알지 못하더라도, 어떤 질문이 나올지는 어느 정도 예상할 수 있다. 왜냐하면 가장 많이 하는 질문은 지원자의 자기소개서와 이력서를 바탕으로 한 질문이기 때문이다. 그래서 가장 중점을 둬야 하는 부분은 바로 스스로가 서술한 내용에 대해서 충분히 추가 설명을 할 수 있도록 대비하는 것이다. 여기서 중요한 것은 **그 경험이나 지원자의 커리어 패스가 회사의 핵심 가치에 얼마나 가까운지**를 꼭 언급하는 것이다.

이때 한 가지 팁은 지원하는 회사의 미션, 가치에 대한 내용을 꼭 숙지하는 것이다. 보통 회사 홈페이지에 나와 있는데, 여기에서 핵심적인 키워드를 찾아 자신의 답변에 녹여야 한다. 다르게도 표현하지 말고, 그냥 홈페이지에 나온 단어 그대로 그 표현을 쓰는 것이 좋다. 면접관은 아무래도 회사의 핵심 키워드에 익숙한 사람이기 때문에 지원자가 그 단어를 쓰면 '어라? 우리가 쓰는 말을 이 사람도 쓰네?'라고 하면서 더 관심을 가지게 된다.

일례로 회사의 핵심 가치가 '도전', '글로벌', '혁신'이라면 회사에서 원하는 인재상은 진취적이고 도전적인 사람이라는 것을 알 수 있다. 그렇다면 자신의 경험과 성과 가운데 도전, 글로벌, 혁신과 연결되는 내용을 잘 살펴서, 실제 이 핵심 가치를 넣은 답변을 준비하는 것이다.

2. 경험과 역량을 효과적으로 전달해야 한다

보통 면접관은 '학창 시절에 실패했던 경험을 이야기해달라', '팀에서 갈등이 일어났을 때 어떻게 대처하는 편인가?' 하는 식으로 개인의 경험에 관해 질문할 때가 많다. 이런 주제는 평소 깊이 생각하지 않기 때문에 미리 준비하지 않는다면 그야말로 머릿속이 하얘질 수가 있다. 여기서 내가 실제로 학생들에게 가르치고 있는 한 가지 팁을 알려드리겠다(지금부터 반드시 집중하고 밑줄을 쳐야 한다).

그것은 바로 **S-T-A-R**이다. S-T-A-R 기술은 답변을 효과적으로 구조화할 수 있기에 면접관에게 좋은 인상을 남기는 데 매우 효과적이다. 그럼 STAR Method가 무엇인지, 그리고 실제 면접에서 어떻게 활용할 수 있는지 함께 살펴보자.

STAR는 Situation-Task-Action-Result의 각 단어의 앞 글자를 따서 만든 조합인데, 그 구성 요소는 다음과 같다.

- **Situation(상황)**

자신의 업무나 프로젝트에서 문제가 발생한 배경이나 상황을 설명한다. 지나치게 길게 나열하는 것이 아니라 듣는 사람이 그 상황을 머릿속으로 상상할 수 있을 정도로만 구체적으로 묘사하면 된다.

- **Task(과제)**

여기서는 그 상황에서 자신에게 주어진 특정 과제나 목표를 서술하면 된다. 역시 길게 서술할 필요가 없고, 핵심만 효과적으로 언급하면 충분하다.

• **Action(행동)**

문제를 해결하기 위해 자신이 취한 구체적인 행동을 설명한다. 스텝 바이 스텝으로 어떤 구체적인 행동을 취했는지, 역시 상대의 머릿속에 그 장면이 그려질 정도로 묘사하는 것이 핵심이다.

• **Result(결과)**

여기서는 자신의 행동이 어떤 결과를 가져왔는지를 설명한다. '아주 많이', '아주 잘~'이라는 식의 주관적인 소감이 아니라 수치나 구체적인 객관적 사실을 언급하면 좋다.

이제 실제 면접 상황에서 STAR Method를 어떻게 활용할 수 있는지 예시를 들어 설명해보겠다.

면접관 질문: 과거에 팀 프로젝트에서 어려움을 경험한 적이 있다면, 그 상황에서 당신이 어떻게 대처했는지 설명해주세요.
응답 예시: 네, 제 경험을 말씀드리겠습니다.

Situation

입사 2년 차에 저희 팀은 중요한 마케팅 프로젝트를 진행하고 있었습니다. 프로젝트의 마감 기한이 일주일 남았을 때, 팀의 핵심

멤버 중 한 명이 개인적인 사정으로 갑자기 퇴사를 결정했습니다. 이로 인해 팀 전체가 혼란스러워하고 일정 관리에 어려움을 겪었습니다.

Task

저는 프로젝트 매니저로서 프로젝트를 제시간에 완수하고 팀의 사기를 유지하는 책임이 있었습니다. 저는 빠르게 대응하여 프로젝트의 성공을 이끌어야 했습니다.

Action

우선 저는 긴급 팀 미팅을 소집하여 상황을 공유했습니다. 팀원들과 함께 각자의 역할을 재조정하고, 빠진 팀원의 업무를 분담했습니다. 또한 상급자에게 상황을 보고하고 추가 자원을 요청했습니다. 이를 통해 프로젝트의 일정을 조정하고, 필요한 지원을 얻을 수 있었습니다. 저는 팀원들과 지속적으로 의사소통하며 모든 과정을 관리하고, 동기부여를 위해 노력했습니다.

Result

이러한 노력 덕분에 우리 팀은 프로젝트를 기한보다 3일 앞당겨 성공적으로 완료했습니다. 고객으로부터 90% 이상의 긍정적인 피드백을 받았으며, 저희 부서의 연간 목표를 150% 초과 달성하면서 부서의 성과에 중요한 기여를 했습니다. 이 경험을 통해, 저는 급박한 상황에서도 효과적으로 팀을 이끌고 목표를 달성할 수 있다는 것을 증명할 수 있었습니다.

이렇게 STAR Method를 쓰면 답변을 구조화하여 면접관에게 명확하고 간결한 이미지를 제공할 수 있다. 또한 실제 경험을 바탕으로 한 답변은 더 신뢰감을 줄 수 있다. 하지만 상황을 너무 길고 구체적으로 설명하면 임팩트가 떨어지고 지루해지기 때문에 신중하게 접근하길 바란다. 중요한 것은 그 사건에 대한 역할Task, 행동Action 그리고 결과Result다.

3. 긴장감과 압박감에 대처하는 방법을 익혀야 한다

면접에서 긴장하고 압박감을 느끼는 것은 사실 한 가지 이유 때문이다. 바로 '너무 잘하고 싶다.' '꼭 되어야만 한다.'라는 마음 때문이다.

그런 바람이 너무 절실하면, 절실함이 오히려 독이 되어서 불필요한 긴장감을 불러일으킨다. 자연히 목소리도 얼굴 표정도 편안하게 나올 수 없다.

이때는 오히려 이렇게 생각해야 한다.

'열심히 준비했으니, 어떤 결과가 나와도 괜찮아.'

'더 좋은 기회가 반드시 찾아올 거고, 결국은 나에게 딱 맞는

곳으로 가게 될 거야.'

그렇게 마음 먹고 들어가야 당당하고 편안하게 면접에 임할 수 있고, 그런 태도가 면접자를 더욱 매력적이고 돋보이게 한다.

여기서 알려드린 내용들을 잘 기억하고 활용한다면 반드시 면접에서 빛날 수 있을 거라고 믿는다. 이 책을 읽는 여러분의 면접 준비에 조금이나마 도움이 되길 바란다.

3

프로답게 말하라

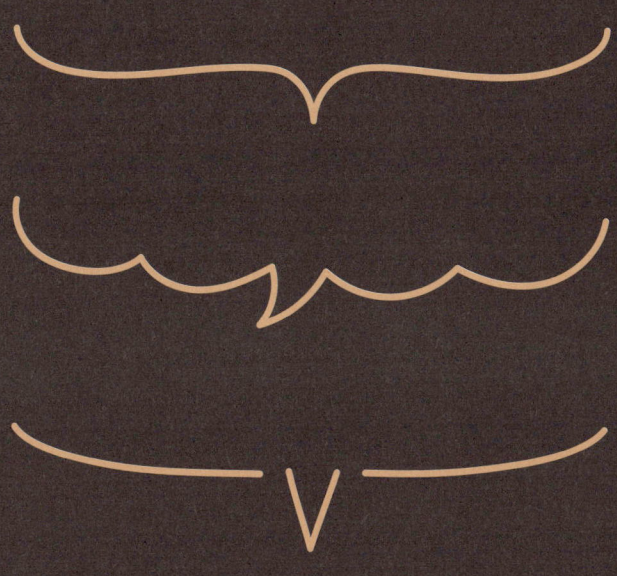

회사에서
나를 지키는 말하기

나는 2008년 한국에서 커뮤니케이션 석사를 마치고 한 외국계 기업에서 마케팅 전략 컨설턴트로 일했다. 평소에 스스로 적당히 사교적이고 무던한 성격이라고 생각했던 터라 회사 생활을 잘할거라고만 생각했는데, 그게 정말 큰 오산이었다는 것을 깨닫는 데까지는 오랜 시간이 걸리지 않았다. 입사하고 1달도 채 되지 않아 회사 사람들과 커뮤니케이션에 어려움을 겪었다.

컨설팅 회사는 담당하는 클라이언트와 그들의 요청에 따라서 업무량이 정해진다. 그래서 종일 클라이언트 요청 사항을 처리하다 보면 정작 내가 해야 할 일들은 야근해서 처리하는 상황이 자주 발생했다. 그런데 내 직속 상사였던 대리, 과장이 자신의 클라이언트에게 받은 일을 당장 내일까지 해달라며 넘겨주는 일이 왕왕 있었다. "영선 선임, 이거 내일까지 해줘야 할 것 같아요."라고 하면 내 일이 산더미같이 쌓여 있어도 군말 없이 그 일을 받아서 처리했다. 내가 열심히 해서 프로젝트가 성공하고 사람들이 칭찬하는 상황이 생기면 "별거 아니에요. 다들 도와준 덕분입니다."라고 공을 돌렸고, 스포트라이트를 상사가 혼자 받아도 혼자 속상해하고 아무 말 하지 못했다. 오죽하면 내 후임이 "어휴, 제대로 말을 해요, 선배. 내가 다 안타까워요."라고 하기도 했다.

결국 나는 일만 열심히 하다가 번아웃이 와서 퇴사 후 유학 길에 올랐고, 그 연유로 교수가 되어 지금 길을 걷고 있다. 미국에서 유학을 하고 취업하고 10년 넘게 살면서 미국 사람들이 업무에서나 혹은 직급에 따라서 어떻게 당당하게 커뮤니케이션하는지를 가까이 보게 되었는데 나에게는 신선한 충격이 아닐 수 없었다. 스스로 공부하고 과거의 경험들에 적용해보니 이제서야 내가 왜 회사에서 힘들었는지 알 수 있었다. 독자들은 나와 같은 상처를 받지 않았으면 하는 마음으로 프로페셔널하게 나를 지키는 말하기 전략 3가지를 알려드리겠다. 내가 학생들에게 비즈니스 커뮤니케이션을 가르칠 때 강조하는 것이기도 하며, 《하버드 비즈니스 리뷰》와 《포브스》에서도 즐겨 다루는 내용이다.

명확하고 효과적인 말하기

1. 두괄식으로 말하기

"부장님, 바쁘신데 시간 내주셔서 감사합니다. 그러니까… 다름이 아니라 오늘 제가 드리고 싶은 말씀은 뭐냐 하면…."

· 수정 후

"부장님, 오늘 말씀드릴 건 제가 진행 중인 프로젝트에 대한 내용인데요. 크게 3가지를 상의드리고 싶습니다."

윗사람일수록 시간이 아까운 사람이 많다. 불필요한 머뭇거림이나 사족은 제거하고 말을 시작하자. 서두에 바로 대화의 요건을 이야기하자.

2. 문제는 해결책과 함께 전하기

문제점만 잔뜩 가져오는 직원이 있다면 상사는 어떻게 생각할까? "그래서 나보고 어쩌라고?" 바로 이런 대답이 나오기 십상이다. 일을 잘하는 직원은 문제점을 전하되, 가능한 해결책을 2, 3가지 함께 제시한다.

"이런 문제점이 있어서 제가 잠시 해결책을 고민해봤는데요. 크게 3가지로 추려집니다. 첫째는…."

이렇게 되면 상사는 준비해준 대안 내에서 판단할 수 있기 때문에 심리적인 부담이 훨씬 줄어든다. 그보다도 자신에게 결정권을 주고 의사를 반영하는 직원이 아주 기특하고, 이런 직원과는 계속해서 함께하고 싶어질 것이다.

3. 비언어적 메시지를 기억하자

회사에서 다른 부서 직원이나 직급이 높은 사람들과 미팅할 때 자신의 모습이 어떠한지 생각해보자. 이미 말을 시작하기도 전부터 눈을 마주치지 못하고 어깨가 잔뜩 움츠러들어 있지는 않은가. 비언어적 메시지에서 당신은 이미 '저는 제 의견에 자신이 없어요.' '당신이 두려워요.'라는 메시지를 전하고 있다. 자신의 업무와 결과물에 당당하다면 어깨를 당당히 펴고 눈을 마주치자. 부족한 자신을 숨기거나 가면을 써서 거짓으로 꾸미라는 것이 아니라, 일하는 자신과 자기 성과물 혹은 아이디어의 가치를 일부러 낮출 필요가 없다는 뜻이다.

갈등 상황에서 말하기

회사도 사람들이 모인 집단이기 때문에 인간관계에서 오는 갈등이 생기기 마련이다. 그럴 때는 이것들만 기억하자!

1. 열린 태도로 말하기

"그 사람 원래 그런 사람이야."

회사에서 사람들과 갈등을 겪는 분들의 이야기를 듣다 보면 이런 생각을 하는 경우를 종종 보게 된다. '마치 내가 그 사람을 다 알고 있는 듯' 미리 판단이 끝나고 그 판단에 비추어 그 사람을 재단해버리는 것이다. 하지만 그것은 옳지 않을 뿐만 아니라 자신에게도 도움이 되지 않는다. 앞서 판단이 끝난 사람에게 앞으로 무엇을 기대할 수 있겠는가?

'내가 이 사람의 모든 상황과 마음을 다 알 수 없지.'라고 빠르게 생각을 바꾸고, 넘겨짚지 말고 질문을 해야 한다. 내 의견에 반대를 했다면, 내가 싫어서 그런 게 아니라 '이 사람이 그렇게 생각할 수밖에 없는 어떤 과거 경험이나 이유가 있을 거야.'라고 생각해야 한다. 아래 예시와 같이 열린 태도로 질문해야 상대방과 불필요한 마찰을 줄일 수 있다.

"부장님, 아까 회의에서 제가 낸 제안이 미흡하다고 말씀하셨지요. 어떤 부분을 부족하다고 느끼셨는지 제가 더 알 수 있을까요?"

2. 확실함을 챙길 것

한국 사회에서는 위계적 문화로 인해 많은 사람이 자신의 의견을 개진하는 걸 주저하는 경향이 있다. 하지만 상대방을 존중하면서도 명확하고 당당하게 의사를 표현하는 능력은 매우 중요하다. 비즈니스에서는 이러한 자기표현과 커뮤니케이션 능력이 필수적이다. 타인의 감정을 배려하기 위해서는 존중의 어조로 말하고, 비난이나 공격적인 표현을 피하며, 상대방의 입장을 먼저 이해하려는 자세가 필요하다. 구체적인 근거와 이유를 바탕으로 공격적이지 않게 자신의 입장을 전달하고, 상대방의 감정과 관점을 인정하면서 동시에 자신의 권리를 지키는 소통 방식이 프로다운 성숙한 의사소통의 핵심이다.

3. 상사를 관리할 것

보통 우리는 상사에게 우리가 관리를 당한다고 생각하는데, 꼭 그렇지는 않다. 우리도 상사를 매니지 업Manage up할 수 있다. 다음과 같은 전략을 취하면 좋다.

- 자신에게 할당된 프로젝트에 대해 명확한 역할과 책임Roles and Responsibilities을 설정해달라고 요구하고, 자신이 스스로 정한 목표를 공유한다.
- 정기적으로 진행 상황을 보고하자. 너무 자주 업데이트하면 독립성이 떨어져 보이니 분기별로 요일을 정해놓고 30분씩 미팅하자고 하는 것도 좋다.
- 상사의 관점을 이해하고 공감할 것. 상사 역시 자신의 역할에서 오는

고충이 있을 것이다. 이것을 직원이 먼저 이해해주고 공감하는 표현을 해준다면, 상사도 인간이기에 고마운 마음이 생기고 나아가 당신을 더 도와주고 싶을 것이다.
- 자기 관리 능력을 적절히 강조하자. 프로의 영역에서 자기 관리를 어떻게 하는지를 은근히 보여주거나 대화에서 티를 내야 한다. 업무적으로 정해진 기한을 너무 자주 미루지 않아야 한다. 가정에서의 변수가 예상되는 경우라면, 되도록 미리 파악하여 대안을 마련해두거나 가족 행사에 대한 분기별 계획을 미리 정해두고, 팀원들에게 미리 공유하는 등 급작스럽게 변경되는 사항이 없도록 커뮤니케이션해야 한다.

4. 무리한 요청을 받았을 때는 현명하게 거절할 것

은근히 부서 간 협력이나 팀워크에서 거절을 하지 못해서 휘둘리다가 퇴사하는 사람들이 있다. 그런 분들에게 나는 다음 2가지를 말씀드리고 싶다.

- 부탁받은 자리에서 바로 답하지 않아야 한다. 일단 감사를 표하되, 일정과 현재 업무를 보고 대답하겠다고 해야 한다. 단 몇 시간, 몇 분만이라도 좋으니 당장 그 자리에서 승낙하지 않아야 한다.
- 일정과 업무량을 파악해서 부담되는 수준이라고 판단되면 솔직하게 말힌다. "제안은 정말 감사드립니다. 너무 하고 싶은 프로젝트이지만, 현재 제가 6개월 넘게 공을 들이고 있는 메인 프로젝트를 어느 정도 진행

시키고 싶습니다. 다음 기회에 꼭 같이 일할 수 있길 저도 희망합니다."
이렇게 다음 기회를 꼭 언급하면 현재로서는 함께할 수 없다는 의사를 분명히 전할 수 있다.

직장에서 내 정체성 재정립하기

1. 스스로에게 너그럽게 대하기

누구나 실수할 수 있다. 그런데 유독 직급이 낮을수록 이를 숨기려고 하는 경향이 있다. 자기의 능력이 평가절하되거나 비난받는 것에 대한 두려움이 그 원인인 것 같다. 하지만 가장 안 좋은 것은 스스로를 비난하는 것이다. '거봐. 난 역시 안 돼. 틀렸어.'라면서 스스로를 깎아내리지 말자. '그럴 수 있지. 누가 처음부터 완벽하게 잘할 수 있어? 그 정도 한 게 어디야. 더 배우고 다음에는 더 잘하도록 하자.'라고 스스로에게 말해주고 친절하게 대하자.

2. 완벽주의 줄이기

어렸을 때부터 우리는 완벽함에 대한 지나친 기대 속에서 자랐다. 1등이 아니면, 100점을 받지 못하면, 명문대를 가지 못하면 실패한 것처럼 여기는 환경에서 자라났기 때문이다. 타인과의 비교 역시 완벽주의적 성향을 기르는 데 한몫한다. 스스로에게 이렇게 말해주자. "I am a work in progress(나는 현재진행형이지)." 이렇게 말이다. 그리고 이는 사실이다. 한 분야에서 몇십 년을 일한 장인이 아니고서야 당연히 완벽할 수 없다. 그리고 시간이 흐르면 자연적으로 깨달음과 연륜이 쌓여서 좋아질 거라는 것을 믿어야 한다.

3. 자신의 성과를 인정하고 축하할 것

"다들 하는 건데요. 파티는 무슨 파티요."

업무에서 성과를 냈을 때, 내가 "가족이나 직원들과 소소하게 파티라도 하고 즐기세요."라고 말하면 이렇게 대답하는 분이 은근히 많다. 다들 이 정도는 하는 거 아니냐며 겸손해하는데 나는 매우 위험한 접근이라고 생각한다. 엄청난 결과가 아닐지라도 작은 성과small wins에 잠시 쉬어가면서 스스로를 칭찬해주어야 앞으로 닥칠 일들도 좀 더 힘내서 할 수 있지 않을까. 그리고 자신을 인정하거나 칭찬해주지 않으면서 타인에게 인정받기만 바라는 것도 어리석다. 타인이 알아주지 않더라도, 내가 해낸 일에 대해서는 내가 가장 잘 알지 않은가. 그러니 내가 먼저 알아봐주고 인정해주고, 타인에게도 당당하게 알릴 수 있어야 진짜 프로답게 자신을 지키면서 인정받는 일잘러가 될 수 있다.

타인에게 알리는 것이 영 쑥스럽다면, 프로젝트 과정에서 깨달은 것을 공유하겠다고 말해보자. 노하우 공유이기 때문에 그 내용을 필요로 하는 사람들이 반드시 있을 것이고, 자연스럽게 자신의 성과도 드러낼 수 있으니 일석이조가 될 것이다.

4. 업무 정체성을 가질 것

혹시 직장에서도 '내 모습 그대로' 일하고 싶다는 생각을 하는가? 안타깝지만 그건 이루어지기 매우 어렵다. 자신이 사장이 되지 않는 이상 말이다. 직장은 '공동의 목적'을 가진 사람들이 모인 조직이기 때문이다. 따라서 업무 환경에서는 개인의 사적인 면모를 지나치게 드러내기보다는 전문성과 목표 지향적인 모습을 보여주는 것이 중요하다. 개별성을 완전히 포기할 필요는 없지만, 조직의 문화와 목표에 맞춰 자신을 조율하고 적절히 표현하는 능력이 필요하다. 궁극적으로 개인의 개별성을 존중하는 건강한 조직 문화는 리더십의 몫이지만, 개인 또한 조직의 맥락 속에서 자신의 역할을 이해하고 적응해야 한다.

지금까지 언급한 프로의 커뮤니케이션 전략은 첫 직장에 들어가서 밤낮없이 일했지만 결국 번아웃으로 퇴사할 수밖에 없었던 20대의 나에게 지금의 내가 전하고 싶은 이야기다. 혹여 지금 이 글을 읽는 분들 가운데 그때 나처럼 혹독하게 일하고 몰래 상처받고 자책하며 눈물 흘릴 누군가에게 이 내용이 작은 위로와 희망의 불씨가 되기를 간절히 바란다.

직급별 말하기
전략

    프로페셔널 말하기에서 중요하게 고려해야 하는 것 중 하나는 상황적 요소이다. 자기가 말하고 싶다고 해서 '아무 때나' '자기 마음대로' 할 수 없는 것이 바로 프로의 세계이기 때문이다. 이를 감안했을 때 프로의 영역에서 가장 중요한 변수는 '직급'이다. 직급이나 직책에 따라서 중점적으로 생각해야 하는 것들이 달라진다. 감사하게도 나는 한국과 미국 모두에서 조직 생활을 해봤고, 직책상으로도 말단 직원부터 시작해서 현재는 중간 관리자 입장에 있으며, 수업이나 코칭 및 컨설팅을 통해 기업이나 기관의 대표들도 만날 수 있었다. 내가 그동안 경험하고 공부하고, 컨설팅 등을 통해 대화를 나누면서 파악한 커뮤니케이션 전략들을 직급별로 나누어보겠다.

리더의 커뮤니케이션 전략

간결하고 명확한 비전 제시

펩시콜라의 전 CEO 인드라 누이는 "커뮤니케이션이 리더십의 전부다."라고 말한 바 있다. 리더의 커뮤니케이션 덕목은 조직의 방향성을 제시하고 이를 명확하게 전달할 수 있는가에 달려 있다. 조직의 비전과 목표를 가장 치열하게 고민하는 사람이 바로 리더이기 때문이다. 길고 장황하게 말할 필요도 없다. 많은 지도자의 스피치를 보면 대부분 단문으로 구성되어 있다. 사람들이 이해하기 쉽고, 자신의 핵심 메시지가 명확하게 드러나는 것이 보다 중요하다. 따라서 구성원들이 이를 이해하고 따를 수 있도록 커뮤니케이션해야 한다.

경청과 피드백

과거의 리더상을 떠올리면 근육(힘)과 뇌(지식)가 생각난다. 힘이 세거나 머리가 아주 비상한 것이 리더의 자격 조건이라고 여기던 시기가 있었다. 하지만 오늘날은 팀원의 의견을 경청하고, 건설적인 피드백을 제공하는 능력이 매우 중요해졌다. 일방적인 지시가 아닌 상호 커뮤니케이션을 통해 팀원들에게 동기를 부여하고, 그들의 성장을 이끌어야 업무에서 합의가 이루어지고, 원하는 성과가 나게 된다. 따라서 업무 회의에서 리더는 되도록 자신의 의견을 먼저 이야기하지 않고, 다른 직급의 의견을 골고루 들은 후에 이를 종합하고 요약하면서 자신의 의견을 더하는 말하기를 해야 한다.

중간 관리자의 커뮤니케이션 전략

상하 커뮤니케이션 조율

중간 관리자는 리더와 팀원들 사이에서 '중재자' 역할을 해야 한다. 리더의 지시 사항을 정확하게 전달하면서도 팀원들의 의견과 상태를 리더에게 효과적으로 보고하는 것이 중요하다. 특히 중간 관리자 정도가 되면 업무 시간의 많은 비중이 부하 직원과의 커뮤니케이션이 될 것이다. 이때 팀원과 일대일 업무 체크 미팅을 정기적으로 하되 그 외의 시간까지 희생하지는 말아야 한다. 분기별로 공유 캘린더를 사용해서 정해진 요일 및 시간의 미팅을 세팅하는 것이 중요하다.

또한 업무 지시를 할 때는 일을 던지면서 "되는 대로 빨리 처리해주세요." 식으로 눈치껏 알아서 하라는 두루뭉술한 뉘앙스를 풍기지 말고, "지금 하는 업무 중 ○○건이 급할 테니, 지금 드린 것은 다음 주 수요일 퇴근 전까지 주시면 좋겠습니다."라는 식으로 확실하게 가이드하고 맡겨야 한다. 이미 과거에 했던 예시나 참고 자료가 있다면 반드시 전해줘야 리스크가 줄고 업무 효율이 높아진다.

문제 해결과 조정

중간 관리자는 발생하는 문제를 빠르게 파악하고 해결하는 능력이 필요하다. 이를 위해 팀 내에서 원활한 커뮤니케이션 채널을 유지하고, 갈등이 발생할 경우 이를 조정하는 역할을 수행해야 한다. 특히 **팀원들의 성향이 각기 다르다는 것을 인지하고, 각자의 강점에 맞춰서 업무를 지시하고 커뮤니케이션해야 장기적으로 건강한 팀을 만들 수 있다.** 일례로 내가 아는 어느 팀장은 일대일 미팅과 지속적인 프로젝트를 통해 팀원들의 개인적인 강점을 잘 파악하고 있어서 분석에 강점이 있는 직원에게는 분석과 결과 도출에 집중할 것을 요구하고, 발표를 잘하는 다른 직원에게는 그 결과를 비주얼이나 말로 전달할 것을 요청한다. 또한 자신은 팀장으로서 전체적인 퀄리티를 컨트롤한다. 이렇게 강점에 따라 업무가 분담되면, 한 사람이 처음부터 끝까지 총대를 멜 필요가 없기 때문에 부담감이 줄어들고, 업무 효율성도 높아진다.

동기 부여와 지지

중간 관리자는 팀원들에게 동기를 부여하고 지지하는 역할을 해야 한다. 하지만 의외로 많은 관리자가 자신의 성과에만 집중해 팀원들의 기여를 축소하는 실수를 저지른다. 자신 역시 성과를 평가받고 상사에게 잘 보여야 하기 때문에 팀원들과 함께 진행한 프로젝트의 공을 자신에게 유리하도록 끌고 가는 경우를 종종 볼 수 있다. 하지만 그럴수록 **팀원의 기여를 명확하게 언급하고 팀원의 성과가 명확히 드러나도록** 해야 한다. 그래야 팀원들의 신뢰를 얻고 팀원들 스스로 더 적극적으로 일하게 동기부여를 할 수 있다. 한편 상대적으로 뒤처지는 팀원이 있다면 일찌감치 파악해서 조용히 대화를 나누는 것이 좋다. 보통 자신의 약점이라고 생각해서 팀원이 먼저 나서서 이야기하지 않는 경우가 많은데, 사회적 민감도 social sensitivity 가 높은, 즉 눈치가 빠른 중간 관리자라면 이를 금방 캐치하고 먼저 물어볼 수 있을 것이다. 적절한 시기와 방식으로 지원하는 것이 팀 운영의 핵심이다. 팀원들의 신뢰를 얻고 그들의 잠재력을 이끌어내는 것, 그것이 중간 관리자의 진정한 역할이다.

신입 사원의 커뮤니케이션 전략

적극적인 경청과 목적에 대한 이해

신입 사원은 회사의 문화와 업무 방식에 빠르게 적응하는 것이 무엇보다 중요하다. 따라서 업무를 받았을 때 ① 그 일을 하는 목적과 ② 예상 결과물을 확실하게 이해하고, 궁금한 부분은 반드시 상사와 대화해서 해소해야 한다.

자신에게 기대하는 역할에 대한 이해

신입 사원들의 흔한 착각은 자신의 새로운 아이디어로 회사에 큰 공을 세우거나 일을 완벽하게 처리해 인정받고 싶어 한다는 것이다. 나 역시 신입 사원 시절에 그랬다. 하지만 돌이켜 보니 이는 나만의 착각이었다. 사실 신입 사원에게는 프로젝트를 좌지우지할 아이디어나 완벽한 결과를 기대하지 않는다. 그것은 업무 경험이 풍부한 중간 관리자에게 기대되는 역량이다. 섣불리 프로젝트에서 돋보이려고 하기보다는 먼저 **일의 퀄리티를 높이는 것에 포커스를 두며, 확실하게 데드라인을 맞추도록** 노력해야 한다.

명확한 보고

업무를 진행하는 동안 상사에게 정기적으로 명확하고 간결하게 보고하는 것이 중요하다. 보통 주어진 일을 혼자 끙끙대며 처리하다가 나중에 결과물만을 공유하려는 경향이 있는데, 자칫 잘못하면 그러다가 오히려 삼천포로 빠지게 될 수 있다. 상사와 정기적인 미팅 시간을 마련하고 자주 업데이트하며 의견을 구하는 자세를 가질 필요가 있다.

피드백 수용

요즘은 채용 경쟁이 워낙 심하기 때문에, 이를 뚫고 합격한 사원들은 정말 스마트하다. 그런데 바로 그 이유로 신입 사원들이 가장 힘들어하는 것이 바로 피드백이다. 상사의 피드백을 자신에 대한 비난으로 생각하기 때문이다. 상사의 피드백에 자존심 상해하거나 속으로 꿍하게 있기보다는, 더 발전할 수 있는 계기라고 받아들이고, 이를 통해 자신의 업무 능력을 향상하는 것이 중요하다. 실수나 부족한 점에 대해 지적을 받을 때 쿨하게 인정하고 이를 성장의 기회로 삼는 사람이 오히려 상사의 눈에 띄고 진급도 빠르다.

키워드로
생각을 정리하는 법

 매 학기 첫 수업을 시작할 때마다 학생들에게 시키는 것이 있다. 바로 자신의 인생에서 가장 중요한 가치가 무엇인지에 대해 이야기하는 '1분 말하기'이다. 이 시간을 통해 나는 학생들의 기존 스피치 실력을 미리 평가해볼 수 있을 뿐만 아니라 삶의 태도와 성격도 살짝 엿보게 된다. 이때 내가 알 수 있었던 아주 흥미로운 부분이 있는데, 대부분의 학생이 대본을 달달 외운 상태로 발표한다는 것이다. 내가 한국에 있는 분들과 수업을 하거나 코칭, 컨설팅을 할 때도 종종 느끼는 부분인데, 정말 많은 사람이 대본 없이 말하는 것을 매우 두려워한다. 그래서 그런지 발표할 때 대본을 통째로 외워버리거나, 써 온 것을 보면서 줄줄 읽거나 파워포인트로 대체해서 대본처럼 의존하면서 읽는 것이 보통이다.

만일 이런 이벤트가 평생 1, 2번 있을까 말까 하는 일이라면 어느 정도 대본을 참고한다거나 외우는 것을 용인할 수 있다. 하지만 일상적으로 사람들 앞에서 발표해야 하는 상황 혹은 직책에 있다면 이런 방법은 결코 롱런할 수가 없다. 준비하는 모든 과정이 고통일 것이기 때문이다.

이에 대한 나의 해결책은 단 한 가지이다. '키워드'로 생각을 정리하는 것이다. 스피치에서 키워드를 써서 유용한 점은 크게 3가지로 나눌 수 있다.

생각을 정리하기 좋다

스피치나 발표를 준비할 때, 내용을 처음부터 줄글로만 길게 정리하다 보면 생각을 가지치기하다가 다른 주제의 내용으로 흐르는 등 자칫 생각의 핵심이 흐려지게 된다. 이때 여러 키워드를 먼저 나열해두고 그걸 바탕으로 문장 → 문단으로 만들면 해당 주제에 해당하는 내용만 서술할 수 있기 때문에 내용이 보다 명료해진다.

외우는 데 부담이 없다

외워서 하는 발표의 가장 큰 단점은 한순간 어느 부분에서

막혔을 때 머리가 하얘져서 더 당황하게 된다는 것이다. 바로 그 이유로 인해 준비하는 데 부담감이 배가된다. 또한 전달의 측면에서 보면 문장을 달달 외워서 이야기하다 보면 표정이나 목소리가 자연스럽지 않기 때문에 마치 로봇처럼 들리고 보이게 된다. 이때 문장이나 문단을 통째로 외워서 말하는 것이 아니라 스피치의 구조에 맞는 흐름대로 키워드를 떠올리면서 말해야 한다. 그러면 핵심 내용을 그대로 전할 수 있을 뿐만 아니라 보다 자연스럽게 보일 수 있다. 이때 "세부 내용을 떠올리지 못하면 어떡하나요?"라는 질문을 종종 받는데, 세부 내용을 준비한 그대로 전하지 못한다 할지라도 이미 알고 있는 핵심 내용을 뒷받침하는 내용이라면 본인의 의도에서 크게 벗어나지 않는 말하기가 될 것이다.

어떤 환경에서도 이야기하기 쉽다

네트워킹을 자주 하는 분들이라면 공감할 부분이다. 자신이 준비한 스피치가 1시간 분량이라 하더라도, 핵심 내용을 키워드로만 기억하고 있다면 다른 환경에서 말하거나 다른 부류의 사람들과 5분 미만으로 짧게 대화하면서도 편하게 전달할 수 있다. 이른바 '엘리베이터 스피치Elevator Speech'는 인터뷰를 준비하는 지원자들이 대비하는 연습법이기도 한데, 자신을 어필할 수 있는 일련의 내용을 임팩트 있게 축약해서 상대에게 전달하는 기술이다. 이는 직장에서 회의에 참여할 때도 매우 유용하다. 많은 직장인이 회의에서 자신의 의견을 개진하는 것에 부담감을 느끼는데 그 이유는 자신의 생각을 처음부터 끝까지 완벽하게 전하고 싶다는 마음 때문이다. 그러면 첫 단어부터 끝맺음 말까지 머릿속에서만 리허설하다가 시간을 흘려보내서 말할 타이밍을 놓치기 쉽다. 이때 키워드만 메모해두고 이를 바탕으로 말하면 자신의 생각을 임팩트 있게 전할 수 있을 뿐만 아니라, 상대방에게도 '저 사람은 준비를 하고 회의에 임하는 사람이구나.' 하는 긍정적인 이미지도 전하며 일석이조의 효과를 볼 수 있다.

한 학기 동안 내 수업을 들은 학생 대부분이 프로답게 자신의 생각을 말하는 데 자신감을 갖고 일취월장하는 이유가 바로 여기에 있다고 생각한다. 키워드로 생각을 정리해서 말하기 때문에 논리적이고 명확한 말하기가 가능해지고, 처음부터 끝까지 외우지 않아도 말할 수 있기에 자신의 생각을 표현하는 데 자신감이 생긴다. 여러 번 반복해서 이 과정에 익숙해지면 언제 어디에서든 발표할 기회가 생길 때마다 활용할 수 있기에 그야말로 일석삼조 전략이 가능해진다.

'일잘러'의 이메일은 5가지가 다르다

당신은 하루에 몇 통의 이메일을 받는가. 미국에서 발표한 통계*에 따르면 직장인은 하루 평균 121통의 이메일을 받고 40통의 이메일을 작성한다. 이메일을 처리하는 데 쓰는 시간은 일주일에 13시간이다. 나 역시 회사에 다닐 때 하루 중 가장 많은 시간을 이메일 커뮤니케이션에 사용했다. 그때만 해도 이메일은 받자마자 처리해야 한다고 생각해서 바로바로 확인하고, 회신하고, 요청을 처리하느라 막상 중요한 프로젝트 업무는 야근하며 처리해야 했다. 그때 내가 이메일 커뮤니케이션의 요령을 알았다면 시간을 조금 더 효율적으로 사용할 수 있었을 것이다. 이메일을 어떻게 주고받아야 스트레스를 줄이고 효율을 높이며 소통할 수 있을까. 여기에서는 효과적인 이메일 커뮤니케이션을 하기 위해 반드시 고려해야 하는 5가지를 알아보도록 하자.

1. 언제 보낼지를 신중히 결정한다

직장인들이 스트레스를 가장 많이 받는 것 중 하나가 쏟아지는 이메일의 양이다. 따라서 꼭 전할 필요가 없는 내용이라면 불필요하게 이메일을 보내지 않는 게 좋다. 특히 **업무 외 시간이라면 불필요한 이메일 발송을 삼가야** 한다.

보내는 사람 입장에서는 '잊어버리기 전에 지금 메일을 보내둬야겠다. 상대방이 내일 알아서 읽겠지.' 하겠지만, 요즘은 언제라도 이메일을 확인할 수 있기 때문에 상대는 '답을 지금 해야 하나 말아야 하나.' 하면서 이미 심리적으로 부담을 갖게 된다. 그러므로 상대방에게 이메일을 보내기 전에 스스로에게 2가지를 물어봐야 한다.

- 이 이메일을 이 사람에게 반드시 전해야 하는가?
- 지금 꼭 보내야 하는 것인가?

주고받아야 하는 이메일의 주제나 소재가 당사자 간 긴밀한 논의가 필요한 것이라면 이메일보다는 전화나 직접 대면 방법을 활용해야 한다. 특히 민감하거나 부정적인 내용을 전달하는 상황이라면 직접 이야기(최소한 영상으로 얼굴을 보면서)할 필요가 있다. 이메일은 다른 사람에게 얼마든지 전달될 수 있기 때문에 민감한 사안은 가능하면 직접 만나서 이야기하는 것이 가장 좋다. 직접 만나서 이야기하면 표정과 목소리를 통해 공감, 연민, 이해가 충분히 전달될 수 있으며, 상대방의 반응에 따라서 메시지를 수정할 수도 있어서 보다 유연하게 대화할 수 있다.

2. 이메일 제목을 똑똑하게 쓰자

좋은 이메일 제목은 받는 사람의 눈길을 끈다. 상대가 읽을지 말지 결정하는 중요한 요소가 되기도 한다. 제목에 목적을 밝히는 키워드를 제시하고 핵심 내용을 담도록 하자. 마감 기한이 있다면 제목에 그 날짜를 명시하는 것이 좋다. 핵심은 **이메일을 열지 않아도 가장 중요한 내용이 무엇인지 알 수 있도록** 하는 것이다. 당장 회신하지 않더라도 이메일 수신함을 보면서 스스로 리마인드할 수 있기 때문이다.

- 나쁜 예

김 과장님, 이 대리입니다~

- 좋은 예

   [설문 첨부] 본부 워크숍 장소에 관한 설문 참여 요청 (12월 1일까지)

3. 메시지는 간결하고 명확하게 전달한다

이메일은 간결한 문장으로 핵심을 전달하는 것이 좋다. 핵심 내용은 정보를 직접적으로 담고, 관련된 모든 내용이 요약되어 있어야 한다. 줄글로 길게 여러 문단을 쓰는 것보다 **번호를 매겨 나열하거나 불릿 포인트(글머리 기호)를 활용**하여 정보를 작은 단위로 묶어주는 것이 효과적이다. 키워드를 굵게 볼드 처리하거나, 중요한 부분은 밑줄이나 하이라이트 표시를 하는 것도 좋다.

첨부 파일이 있을 때는 본문에 첨부 파일이 있음을 명시하고, **첨부 파일의 내용이 많을 경우 요약하여 본문에 함께 명시**하면 더 분명하게 전달할 수 있다. 종종 첨부 파일을 누락한 채 보내는 경우가 있으니 보내기 전에는 반드시 확인해야 한다. 나의 경우는 첨부 파일이 있는 경우 파일을 가장 먼저 첨부하고 이메일 작성을 시작한다. 그리고 마지막에 받는 사람의 이메일 주소를 입력한다. 이렇게 하면 첨부 파일을 빠뜨리는 경우나 작성 도중 실수로 발송하는 일을 줄일 수 있다.

또한 **한 이메일에는 하나의 주제**만 담도록 하자. 여러 주제를 한 이메일에 넣으면 상대방이 핵심 내용을 찾기 어려우며 기억하기도 어렵다. 여러 주제를 다루는 경우라면 되도록 주제마다 개별 이메일을 작성하여 보내는 것이 좋다.

> **• 나쁜 예**
>
> 이 대리님, 지난주에 보내주신 보고서 잘 받아보았습니다. 어제 보니 두 번째 챕터에 우리 회사 판매 실적에 대한 보다 구체적인 정보가 들어가야 할 것 같습니다. 그리고 보고서 톤도 조금 더 포멀하면 좋겠습니다. 아, 그리고 이번 주 금요일에 홍보 부서와 미팅을 잡았는데요. 오전 11시이고, 3층 소회의실에서 있을 예정입니다. 그 시간에 참석이 가능한지 알려주세요. 감사합니다.
>
> 김 과장

위의 이메일은 아래와 같이 수정할 수 있다.

> **• 좋은 예**
>
> 이 대리님, 지난주에 보내주신 보고서 잘 받아보았습니다. 다음 수정을 요청드립니다.

1. 두 번째 챕터에 우리 회사 판매 실적에 관한 구체적인 정보를 추가해주세요.

2. 보고서의 톤도 조금 더 포멀하면 좋겠습니다.

위의 내용을 반영하여 이번 주 목요일까지 메일을 보내주시겠어요? 이번 프로젝트에서 수고해주셔서 감사드립니다.

김 과장 드림

※ 홍보 부서와의 금요일 미팅 건은 별도의 이메일로 다시 보낸다.

차이가 느껴지는가? 하나의 이메일에 하나의 용건만 간결하게 담고 요청 사항을 번호로 나열하니 메시지가 더 분명하게 전달되었다.

4. 반드시 공손하게 작성하자

대면 대화는 얼굴 표정이나 목소리 톤으로 목적과 의도를 전달하고, 상대방의 반응도 비교적 정확하게 파악할 수 있다. 하지만 **이메일은 글자로만 되어 있기 때문에 커뮤니케이션에서 오해가 생길 가능성이 있다.** 그러므로 이메일 커뮤니케이션에서는 반드시 공손한 어조로 작성하고 단어 선택에 유의해야 한다. 편한 사이라 하더라도 업무에서 쓰는 톤은 공식적이어야 한다. 적절한 예의를 차려 첫인사 안부 묻기, 끝인사 말이나 적절한 추임새도 상황에 맞게 넣도록 하자. 불필요한 약자나 이모티콘은 삼가도록 한다.

문장부호 사용도 유의해야 한다. 강조한다고 느낌표를 너무 많이 넣고 있지는 않은가. 느낌표가 많으면 소리를 지른다는 느낌을 줄 수 있으니 주의하자.

- 나쁜 예

이 대리,

보고서 어떻게 됐나????

오늘 5시까지 주기로 했을 텐데!!!!!!!

김 과장

이 이메일을 이렇게 바꿔보자.

- 좋은 예

이 대리님, 보고서 작성하느라 수고가 많습니다.

지난번 말씀드린 것처럼 오늘 오후 5시까지 보고서를 전달해주시기 바랍니다.

그러면 마감 기한에 늦지 않게 맞출 수 있겠습니다.

감사합니다.

김 과장 드림

5. 보내기 전에 반드시 검토하자

'보내기' 버튼을 클릭하기 전에 철자, 문법, 문장부호까지 다시 한번 읽으면서 틀린 곳이 있나 확인하자. 잦은 실수는 신뢰를 반감시키며 프로답지 않다는 인상을 줄 수 있다.

이메일을 보내기 전 다시 한번 읽어보고 내용이 너무 길지는 않은지, 톤 앤드 매너는 적당한지, 맞춤법이 틀린 곳이 있는지 살펴보자. 요즘은 네이버 맞춤법 검사기, 부산대 맞춤법 검사기 등 다양한 무료 툴이 있으니 헷갈리는 표현이 있다면 맞춤법 검사기로 검토해보는 것도 좋다.

지금까지 이메일을 똑똑하게 쓰는 5가지 방법을 이야기했다. 마지막으로, 이메일에 관한 나만의 팁을 이야기하겠다. **이메일 확인 시간을 따로 정해두는 것**이다. 나는 하루 중 정해진 시간(오전 9시, 오후 1시, 오후 4시)에만 이메일을 확인하고 처리한다. 그렇게 하면 본업을 할 때는 본업에, 이메일 처리 시간에는 이메일에만 집중할 수 있어 시간을 훨씬 효율적으로 쓸 수 있다. 이메일을 수시로 확인하고 처리하면 업무 흐름이 끊기고 집중에 방해가 된다. 업무 중 이메일을 확인하고 다시 하던 일로 돌아오는 데 약 23분이 소요된다는 연구 결과[*]도 있다.

원치 않는 이메일이 반복적으로 온다면 수신 동의를 취소하거나, 메일 차단이나 필터링 기능을 이용해 이메일을 효율적으로 관리하자. 업무 외 시간에는 이메일 알림 설정을 꺼두는 것도 추천한다.

성공하는
미팅의 3가지 전략

    회사에서 업무 미팅이 끝나고 뭔가 개운치 않은 느낌을 받은 적이 있는가. 시간은 시간대로 쓰고, 뭔가 열심히 말을 했는데 정작 진전이 없었다는 느낌, 명쾌하게 합의가 이루어지지 않아서 시간 낭비, 에너지 낭비를 했다는 느낌은 그 미팅이 효과적이거나 효율적이지 않았다는 방증이다. 그렇다면 성과 없는 미팅의 원인은 무엇이고, 어떻게 해야 모두가 만족하는 효과적인 미팅을 할 수 있을까? 함께 알아보자.

성과 없는 미팅의 원인

1. 참석자들 간의 목표와 기대치의 불일치

미팅에 참석하는 사람들은 자신만의 목표와 기대치를 가지고 있다. 한 사람은 프로젝트 진행 상황을 검토하고 싶어 하는 반면, 다른 사람은 미팅을 통해 자신의 업무에 대한 자세한 피드백을 받고 싶어 하고, 어떤 사람은 프로젝트의 빠른 진행을 독려하고 싶을 수 있다. 이렇게 하나의 미팅에 대한 목표와 기대치가 다른 사람들이 모이면 결코 효과적인 미팅이 될 수 없다. 이런 현상은 미팅에 크게 관련이 없는 사람까지 무턱대고 많이 모였을 경우 발생할 가능성이 더 크다. 모임을 주최하는 사람이 뚜렷한 목표를 제시하지 않은 채 사람들을 모으기만 하면 서로 기대치가 다르기 때문에 미팅의 목적과 방향성이 모호해지고, 결과적으로 미팅이 분산되거나 미팅의 전반적인 만족도가 떨어질 수 있다.

2. 비효율적인 미팅 관리

미팅을 진행하는 방식이 효율적이지 않으면 시간 낭비가 발생할 수 있다. 이는 주로 주최자가 시간을 적극적으로 관리하지 않아서 참석자들이 주제에서 벗어나는 대화를 자유롭게 하는 경우에 자주 발생한다. 특히 미팅이 시작되었지만 구체적인 안건이나 목표 없이 진행되면, 참석자들은 신변잡기적인 이야기로 시간을 보내거나 중요한 결정을 내리지 못하고 여러 주제를 훑는 데에만 시간을 소모할 수 있다. 미팅의 목적이 어떤 안건에 대해서 서로가 상충되는 의견을 이야기하고 결정까지 하는 거라면 그 주제들 모두 충분히 다룰 수 있는 구체적인 시간 안배가 필요하다.

3. 의사소통의 부족

참석자들 간의 의사소통 부족은 미팅의 효율성을 크게 저하시킬 수 있다. 이는 참석자들이 자신의 의견을 충분히 표현하지 못하거나, 다른 사람의 의견을 제대로 이해하지 못하는 상황에서 발생할 수 있다. 특히 줌미팅과 같은 온라인 미팅이나 줌과 오프라인이 동시에 이루어지는 하이브리드 미팅 상황에서는 의사소통 채널이 분산되기 때문에 모두가 만족하는 커뮤니케이션 상황을 만들어내는 것이 어렵다. 온라인 참석자가 있는 미팅에 참여했을 때, 누군가가 카메라를 내내 끄고 참석하는 상황이 발생한다면 바로 이 의사소통 부분을 체크해야 한다.

효과적인 미팅 전략

비효율적인 미팅은 주로 앞의 3가지 원인에서 발생한다. 그렇다면 어떻게 하면 모두가 만족하는 효과적이고 성공적인 미팅을 만들 수 있을까?

1. 명확한 목적과 안건 설정

우선 미팅의 목적을 명확히 해야 한다. 모든 미팅은 명확한 목적이 있어야 한다. 이 목적은 미팅을 준비하고 미팅 참석을 요구하는 이메일을 보낼 때 가능하면 구체적으로 명시해야 한다. 참석자들이 미팅의 목적과 기대 결과를 사전에 이해하면 더 준비된 상태로 참석하게 되고, 미팅의 효율성이 높아진다.

예를 들어 A 상품 프로모션이라는 안건이 있다면, 프로모션 내용을 발표하는 것이 목적인지, A 상품 프로모션에 관해 여러 부서의 의견을 듣는 자리인지, 준비된 1~3안의 프로모션 안건 중 무엇을 중점으로 준비할지 결정하는 자리인지 등 미팅의 목적과 안건을 분명히 해야 한다. 구체적인 안건이 사전에 공유되어야만 이를 통해 참석자 모두가 미팅의 방향성을 이해하고, 미팅이 계획대로 진행되고, 모든 중요한 사항이 논의될 수 있다.

이때 많은 사람이 쉬운 주제로 시작해야 하는지 어려운 주제로 시작해야 하는지에 대해서도 질문한다. 참석자들이 해당 주제에 이미 익숙하고 다른 참석자들을 편안하게 생각한다면 살짝 어려운 주제부터 바로 시작하는 것도 괜찮다. 반대로 참석자들이 해당 주제에 대해서 생소해하거나, 아직 서로가 잘 모르는 경우라면 좀 더 쉬운 주제부터 시작해서 참석자들 간 이해 수준을 맞추고, 내용에 대한 이해도를 높이는 데 시간을 할애하는 게 좋다.

2. 효율적인 시간 관리

미팅은 예정된 시간에 시작하고 종료해야 한다. 각 안건에 대한 논의는 할당된 시간을 초과하지 않도록 엄격히 관리해야 미팅의 집중도를 높이고, 참석자들의 시간을 존중할 수 있다. 따라서 **미팅 시작 전 각 안건의 예상 소요 시간을 써두는 것**이 좋다. 미팅을 진행하는 사람은 시간을 체크하면서 어느 한 내용에 치우치지 않고 모든 안건을 골고루 소화할 수 있도록 시간을 안배해야 한다.

> **시간 안배의 예시**
>
> 10:00~10:10 체크인
>
> 10:10~10:20 안건 공유

> 10:20~10:40 의견 공유
>
> 10:40~10:50 투표 및 결과 공유
>
> 10:50~11:00 마무리

특히 중요한 결정이나 행동 계획에 대한 시간을 확보해야 한다. 미팅에서 논의한 사항을 실행하기 위한 명확한 결정과 행동 계획이 필요하다. 해당 미팅에서 결정을 해야 한다면 시간을 충분히 할당해서 하고, 다음 미팅으로 이어진다면 해당 미팅의 마지막 부분에 중요 논의 사항을 요약하고, 다음 미팅에서 다뤄야 하는 내용을 간략하게 언급하는 것이 좋다.

3. 효과적인 참여와 의사소통 촉진

효과적인 미팅은 한 명이 큰소리를 내고 다른 참석자가 귀를 기울이는 것이 아니라, 모든 참석자가 적극적으로 참여하는 미팅이다. 참석자들이 자신의 의견을 자유롭게 표현하고, 다른 사람의 의견에 귀 기울일 수 있는 분위기를 조성하는 것이 중요하다.

코로나19 이후 온라인 미팅이 늘었는데, 온라인 미팅에서 한 가지 팁은 채팅 창을 활용하는 것이다. 무조건 발표를 시키는 게 아니라 채팅 창을 활용해서 되도록 많은 사람이 의견을 내도록 독려한 다음, 채팅에서 좋은 의견이 나올 경우 그 의견을 제시한 사람이 자연스럽게 더 발언하게끔 도와야 한다. 이 방법은 내성적인 사람들이 많은 수업이나 미팅에서 유용하다.

한편 온라인과 오프라인 참석자가 함께 있다면, 가능하면 온라인 참석자에게 먼저 의견을 묻고 오프라인 참석자에게 배턴을 넘기자. 그렇게 해야 온라인 참석자가 소외를 느끼지 않고 끝까지 미팅에 적극적으로 임하게 된다.

미팅에서는 한 사람이 발언 시간을 장악하는데 진행자가 적절하게 통제하지 못해 쩔쩔매는 상황을 종종 보게 된다. 한 사람의 의견이 너무 길어진다면 진행자가 적당한 선에서 제지하고 참석자의 의견을 골고루 듣는 노력을 해야 한다. 진행자는 정중하지만 단호한 태도로, 발언자의 의견을 잘 들었다고 인정하면서 더 다양한 의견을 더 듣기 위해서 참여자들에게 골고루 시간을 쓰겠다고 표현하는 게 좋다.

진행자: 김 과장님, 앞서 주신 의견이 매우 상세하고 건설적이었습니다. 아직 다른 팀원분들의 의견을 듣지 못했으니, 회의의 효율성을 위해 이제 다른 분들의 의견을 들어보는 것이 어떨까요? 혹시 추가 의견이 있으면, 회의 후에 별도로 정리해서 공유해주시면 감사하겠습니다.

지금까지 효과적인 미팅을 위한 구체적인 전략을 알아보았다. 명확한 목표 설정, 효율적인 시간 관리, 효율적인 의사소통이 그 핵심이다. 미팅을 생산적이고, 목적에 부합하며, 시간을 존중하는 활동으로 만들면 결국 업무 효율성과 팀 워크가 강화되며 조직 전체의 성공 발판이 될 것이다.

100% 통하는
부탁의 기술

　누군가에게 어려운 부탁을 해본 일이 있는가. 부탁을 망설인 경험이 있다면 이유는 무엇일까. 세계적인 심리학자 하이디 그랜트 할버슨Heidi Grant Halvorson은 『어떻게 마음을 움직일 것인가』*에서 그 원인을 3가지로 이야기하고 있다. 부탁하는 내 모습을 상상하면 자존심 상해서, 상대의 거절이 두려워서(내 자존심을 다치기 싫어서), 나에 대한 호감도에 손상이 갈까 봐이다. **모두 나를 중심으로 하는 사고방식이다.** 하지만 하이디는 사람들은 우리 생각보다 타인을 도와주려는 마음이 크다고 말한다. 자신이 가치 있는 사람이라고 생각하고 싶어 하는 본성이 있기 때문이다. 그렇다면 상대에게 효과적으로 'yes'를 얻어내기 위해서 우리는 어떻게 부탁해야 할까.

1. 지나치게 미안해하지 말아야 한다

"교수님, 안녕하세요. 많이 바쁘시죠? 바쁘신데 번거롭게 해서 정말 너무너무 죄송한데요. 다음 주에 제 성적에 대해서 상의를 할 수 있을까요?"

학기 초반에 나는 학생들에게 이런 이메일을 종종 받는다. 예의를 차리는 마음에서 조심스럽게 표현한 것이라고 할 수 있지만, 하이디에 따르면 지나치게 미안해하는 태도는 내집단(In-Group: 소속해 있으면서 심리적으로 동일시하는 집단)과 외집단(Out-Group: 소속해 있지 않고 심리적으로 동일시하지 않는 집단)을 구분하기 때문에 상대방의 마음을 오히려 닫게 한다.

학생 입장에서는 성적에 관하여 문의할 당연한 권리가 있고, 교수에게는 학생과 면담할 의무가 있다. 학생들과 면담할 시간을 마련하는 것도 교수 업무의 일부이다. 그러니 당연히 요구할 권리이고, 받아들여야 하는 의무인 셈이다.

업무적으로 무엇인가를 요청할 때도 마찬가지다. 그 관계가 이미 비즈니스적으로 성립되었다면 사실 같은 편(In-Group)이나 마찬가지이기 때문에 굳이 저자세로 요청할 필요가 없다.

정중하지만 당당한 자세로 요청하면 된다.

2. 상대방을 난처하게 만들지 말아야 한다
"내가 언제 이런 부탁한 적 있어? 이번 한 번만 좀 도와줘."
"우리 가족이 제주도 갈 때마다 너희 집에서 재워줬잖아. 이번에도 너만 믿어. 당연히 재워줄 거지?"

이런 식으로 부탁하는 것은 부탁받는 사람 입장에서 '돕고 싶다'는 자율성 대신 '도와야만 한다'는 강제성을 느끼게 하는 표현이기 때문에 스스로 만족감이 들지 못하게 할 수 있다. 거절하면 난처한 마음이 들게 하는 부탁은 장기적으로 건강한 관계로 유지될 수 없기 때문에 하지 말아야 한다.

3. 상대방이 어떤 기분이 들 것이라고 예측해 말하지 말아야 한다
"이번 캠핑 꼭 같이 가자. 너도 좋아할 거야."
"김 대리님, 주말에 봉사 활동 좀 같이 갈래요? 되게 보람 있을걸요?"

상대방의 기분은 상대방의 것이다. 어떤 기분이 들 것이라고 말하는 것은 당신의 기준이다. 이렇게 표현하면 상대방이 당신을 도와주더라도 자의가 아니라 당신의 설계에 의한 것이라고 느낄 가능성이 높다. 따라서 상대방의 감정을 미리 예측

하는 듯한 표현은 하지 않는 게 좋다.

4. 부탁하는 내용 자체가 쉬운 것이라고 하지 말아야 한다
"정말 간단한 설문이에요. 5분이면 되는 거예요."
"부탁 좀 하나 하자. 별로 어려운 거 아니야."
"이것만 좀 잠깐 도와줄래? 정말 간단한 거야."

우리는 부탁의 내용 자체가 쉽다는 것을 강조하면서 도움을 요청하는 경향이 있다. 그러나 상대방은 부탁하는 사람이 자신의 시간과 노력을 그다지 중요하게 생각하지 않는다는 생각을 하게 된다. 따라서 "이 설문은 ○○○에 대한 것이고요. 5분 정도 소요될 것으로 예상됩니다."라고 객관적으로 표현하되 쉽다 어렵다는 판단은 덧붙이지 않는 게 좋다.

5. 생색내지 말자
"지난번에 제가 당신을 도와드렸죠?"(자, 이번은 당신이 날 도와줄 차례예요.)

이렇게 말하는 것은 상대방을 조종하려 한다는 인상을 주며, 상대방은 당연히 기분 좋게 부탁에 응하기 어렵다. 예전에 상대방을 도운 일이 있더라도 웬만하면 상기시키지 말고 부탁하는 게 좋다. 좋은 관계를 유지하고 싶은 사람이라면 이미 기억하고 있을 것이고, 기억하지 못하는 사람이라면 어차피 장기적으로 서로 도움을 주고받는 일이 저절로 줄 것이다.

6. 상대의 도움이 '나에게' 얼마나 도움이 될지 강조하지 말아야 한다

"이 설문에 응해주신다면 제 일이 너무나 수월해질 것 같아요."

이런 표현은 특히 비즈니스 관계에서는 예스를 얻어내기 힘들다. 도와주는 사람은 도움을 요청한 사람이 얻게 될 이득보다는 본인들이 어떻게 긍정적으로 '쓰임'을 받는지에 더 관심이 있다. 따라서 다음 예시와 같이 그들의 행동이 어떻게 다른 사람이나 사회에 혜택을 주는지, 어떤 개선점을 만들어내는지를 강조하는 게 좋다.

"이 설문에 도움을 주신다면, 이 수업을 듣는 수강생들이 양질의 교육 혜택을 받는 데 도움이 됩니다."

이상이 상대방에게서 예스를 이끌어내는 6가지 부탁의 기술이다. 핵심은 **스스로 자율성과 가치를 느낄 수 있도록 하는 것**이다. 상대방을 곤란하게 만들지 않고, 동등한 입장에서 열린 마음으로 부탁한다면 상대는 기분 좋게 요청에 응하게 될 것이다. 나아가 기브 앤드 테이크의 이해타산적인 관계가 아니라 서로 윈-윈하는 건강한 관계로 발전하게 될 것이다.

프로답게 사과하는
4가지 방법

　살아가면서 우리는 가족, 친구, 직장 동료, 상사 등 우리가 속해 있는 다양한 사회적 관계 안에서 숱한 실수를 하곤 한다. 사회 구성원으로서 사람들과 좋은 관계를 유지하기 위해서는 자신의 실수나 잘못된 행동에 대해서 올바르게 사과하는 것이 매우 중요하다. 반드시 갖춰야 할 커뮤니케이션 스킬 중 하나가 바로 '잘 사과하는 것'이지만 우리 대부분은 어떻게 사과해야 상대방에게 진정성 있게 느껴지는지, 그리고 발전적인 방향으로 관계를 개선할 수 있는지에 관해 제대로 배운 바가 없다. 그래서 나름대로 사과했음에도 불구하고 상대방은 기분 나쁘게 받아들여서 관계가 더욱 악화하는 경우도 생긴다.

그렇다면 어떻게 사과해야 상대에게 내 진심을 제대로 전달할 수 있을까. 프로페셔널 커뮤니케이션 측면에서 프로답게 사과하는 방법에 대해서는 《하버드 비즈니스 리뷰》나 취업전문 사이트 '인디드'* 등에서 심심치 않게 다루고 있다. 상대방에게 사과할 때 갖춰야 할 조건은 주로 4가지로 손꼽힌다.

첫째, 사과의 타이밍이다. 일반적으로는 **사건이 일어난 후 되도록 빨리 사과**하는 게 좋다. 상대방에게 자신이 그 행동을 후회하고 있다는 것을 알려주고, 더 큰 갈등이 발생하지 않기를 원한다는 것을 간접적으로 표현할 수 있기 때문이다. 하지만 여러 당사자나 법적으로 민감한 사안이 개입되었을 경우는 그 정황을 살피고, 모든 관련 당사자의 심리적인 상황을 파악하는 것도 중요하기 때문에 사과를 조금 미루는 게 좋을 때도 있다. 서로의 감정이 고조된 상태에서는 오히려 사과가 받아들여지지 않을 수도 있다.

둘째, 자신이 잘못한 행동이 무엇인지를 말하고 이에 대해 직접적으로 "잘못했다", "사과한다"라고 분명하게 말해야 한다. 더 중요한 것은 이후 **불필요한 변명을 하지 않는 것**이다. "정말 미안하다. 그런데 이래서 어쩔 수 없었고, 저래서 어쩔 수 없었다." 하면서 계속 그 이유나 변명을 늘어놓으면 상대는 진심으로 용서를 구한다고 느낄 수 없으며, 오히려 자기 합리화에 급급한 모습에 더 화가 날 수 있다. 이러면 사과를 안 하느니 못한 상황도 생길 수 있다. 회사에서 상습적으로 지각을 하는 팀원이 "팀장님, 제가 오늘 조금 늦긴 했지만 그건 차가 막히기 때문에 어쩔 수 없었습니다. 어제도 조금 늦었다고 지적하셨는데, 그건 지하철을 놓치는 바람에…."라고 변명한다고 생각해보자. 팀원의 사과에서 진정성이 느껴지는가. '전혀 반성이 없고, 그러니 내일이나 모레에도 또 지각하겠구나.' 하는 생각이 들지 않는가. 그러니 상대에게 용서를 구하기로 했다면, 잘못한 말이나 행동에 대해 변명하지 말고 잘못에 책임지는 자세를 보여줘야 한다. 이런 부분에서 잘못했고, 후회한다고 명확하게 말할 수 있어야 한다.

셋째, 상대방이 느낄 감정을 인정하는 것이다. 상대방의 입장을 완벽하게 이해할 수는 없을지라도 최대한 상대방 입장에서 자신의 행동을 돌아보고 자신의 잘못을 언급한다면, 상대방에게 어느 정도 자신의 진심을 전할 수 있다. 예를 들어 "제가 팀장님이었어도 지각하는 직원은 성실성이나 태도에 문제가 있다고 생각할 거예요. 제가 어제에 이어 오늘도 지각을 해서 실망감이 크실 것이라고 생각합니다."라고 상대방 입장을 헤아린다면, 상대방도 '이 사람이 나의 입장에서 생각해보려고 노력을 했구나.'라고 느끼게 된다.

넷째, 문제 해결을 위해 어떤 노력을 할 것인지를 분명히 말해야 한다. 진심으로 자신의 행동이 잘못되었다고 생각한다면, 이를 바로잡으려는 노력이 당연히 수반되어야 한다. 그것이 실제로 행동으로 이어져야만, 위기 상황을 잠깐 모면하기 위한 사과가 아니라 진정성이 담긴 사과로 느껴질 수 있다. 물론 이건 시간이 증명하게 될 것이다.

지금까지 진정한 사과가 갖추어야 하는 4가지 조건을 이야기했다. 우리는 인간이기에 늘 실수와 깨달음을 반복하면서 성장한다. 자신의 잘못과 실수를 수습하고, 내 잘못으로 상처받은 상대방의 마음을 헤아리고 사과할 수 있어야 진정 서로에게 의미 있는 관계로 성장할 수 있다.

상대방의 기분이 나쁘지 않게
피드백하는 방법

　다양한 직군에 있는 사람들과 수업이나 코칭, 컨설팅을 하다 보면 고위 직책으로 갈수록 말 못 할 고민거리를 안고 있다. 바로 '피드백'이다. 특히 요즘 신입 사원들과 생각하는 부분이 다르다고 스스로 세대 차이를 느껴서인지, 피드백하는 것에 큰 부담을 느끼는 분들이 의외로 많다. 그래서 여기에서는 직장에서 프로답게 피드백하는 법, 특히 상대의 기분이 나쁘지 않게 피드백하는 전략을 알려드리고자 한다.

　"상대방의 마음을 다치게 할까 봐 걱정돼요."
　"제가 나쁜 사람으로 비춰질까 봐 두려워요."

"업무상 불필요한 긴장 관계를 만들고 싶지 않아요."

피드백을 망설이는 분들께 그 이유를 물어보면 대부분 이렇게 이야기한다. 나는 내 수업을 듣는 학생들도 서로의 발표를 평가하도록 피드백하는 시간을 가지는데 학기 초에는 특히 대부분 망설이면서 "정말 좋아. 정말 잘했어(짝짝짝)." 한다.

발표한 사람 입장에서 지적받지 않는 그 순간에는 기분이 좋겠지만, 항상 이런 피드백만 받는다면 앞으로 발전이 있을까? 결코 아닐 것이다. 건설적인 피드백은 상대가 더 발전할 수 있는 기회가 되기 때문이다. 자신의 체면치레를 하려고 상대에게 도움이 되는 말을 하지 않는 것이 상대를 오히려 더 기만하는 행위가 아닐까. 효과적인 피드백이 갖추어야 할 4가지 요소에 대해서 알아보자.

효과적인 피드백의 4가지 조건

1. 사람이 아닌 사실에 기반할 것!

미팅에 지각을 하는 사원에게 "자네 왜 이리 게으르나? 빨리빨리 좀 다닐 수 없나?"라고 이야기한다면, 그 사원은 속으로 '내가 게으른 것은 아닌데…. 5분 늦은 길 가시고 부장님은 왜 저렇게 심하게 말씀하시지?' 하면서 피드백을 마음속으로 부정하고 싶은 마음이 들 것이다.

마찬가지로 방 청소를 하지 않은 아이에게 "너는 대체 왜 엄마 말을 무시하니? 엄마가 방 치우라고 몇 번이나 말했어? 왜 안 했어?"라고 한다면, 아이는 속으로 '내가 언제 또 엄마를 무시했다고 그래?' 하는 마음이 들 것이다.

앞의 예시는 **상황을 객관적으로 묘사한 것이 아닌 그 행위자인 사람의 옳고 그름을 평가한 것이기에 상대방의 반감을 사기 쉽다.**

반면 "이번 달에 우리 부서가 회의를 하는 게 세 번째인데, 이 대리가 계속 5분, 10분씩 늦게 참여하는 것 같아. 무슨 일이 있나?"라고 말하면 사실을 바탕으로 이야기하는 것이기에 상대방의 반감을 줄일 수 있다. 역시나 "네 방에 물건이 여기저기에 있어서 물건 찾기 힘들구나. 하루에 한 번은 정리 정돈을 했으면 좋겠는데, 어떻겠니?"라고 말하는 게 반감 없이 소통할 수 있는 방법이다.

2. 장점과 단점을 모두 말할 것(장점을 부각시키면 좋다)

'피드백'이라고 하면 보통 지적을 받는 것이라고 생각하는데, 피드백은 절대 부정적인 부분만 말하는 것이 아니다. 피드백을 통해 자기가 뭘 잘하는지를 아는 것도 매우 중요하다. 왜냐하면 그 분야에 경험이 많은 전문가가 아닌 이상 자신이 얼마나 잘했는지 스스로 파악하기 어렵기 때문이다. 잘된 부분 역시 구체적으로 왜 좋은지를 알아야만 앞으로도 계속해서 그 부분을 잘하도록 유지할 수 있다.

특히 우리 인간은 본능적으로 자신의 강점보다는 단점에 무게중심을 두는 경향이 있기 때문에, 피드백을 해주는 사람이 장점을 더 부각한 다음에 발전해야 할 부분을 언급해야 듣는 사람이 균형감 있게 들을 수 있다.

나 역시 학생들에게 피드백을 해줄 때 **장점과 단점의 비율을 6 대 4 정도로** 알려준다. 똑같이 5 대 5로 하거나 3 대 7로 하면 학생들은 부정적인 평가에 더 신경을 쓰기 때문에 아예 망했다고 생각하고 지레 포기할 수도 있다.

3. 구체적으로 언급할 것

"보고서가 전반적으로 괜찮은데 말이야, 뭔가 살짝 부족한 느낌이야. 좀 더 보완하면 좋을 것 같은데?"

이렇게 말하면, 피드백을 받는 사람은 어리둥절할 것이다. 도대체 어떤 부분이 좋고, 어떤 부분을 보완해야 하는지 구체적으로 언급하지 않았기 때문이다.

"전반적인 구조는 명확하게 제시되었군. 다만 해외 시장 조사 부분에서 최신 자료나 구체적인 사례가 추가되면 좋겠네."

이렇게 **장단점을 구체적으로 언급해야** 상대방이 무엇을 잘하고,

어떤 점을 보완해야 할지 명확하게 알 수 있다. 이런 구체적인 방법까지 제시하면 일 처리의 효율성이 높아진다.

4. 그 사람의 행동이 다른 사람이나 조직에 미치는 영향을 언급할 것!

피드백을 듣는 사람은 자신에 대한 공격으로 받아들이는 경향이 있기 때문에, **피드백이 개인에 대한 의견이 아니라 대의를 위한 조언이라고 생각하도록 해야 한다.** 따라서 그 사람의 말이나 행동이 다른 사람이나 집단에 미치는 영향을 언급하는 것이 보다 효과적이다.

"회의 시간에 좀 더 적극적으로 의견을 내줄 수는 없나?"가 아니라 "회의 시간에 자네가 아무 의견을 내지 않으면 우리 프로젝트에 더 다양하게 접근할 수 없게 되니 다음부터는 의견을 좀 더 적극적으로 공유해줄 수 있겠나?" 이렇게 피드백하는 것이 훨씬 더 상대방이 기분 나쁘지 않게 나은 방향으로 움직일 수 있도록 한다.

좋은 피드백의 2가지 치트키

이 점을 염두에 두면서 다음 2가지 피드백 방법을 함께 알아보자.

1. 플러스-플러스 피드백

"너 도대체 왜 그랬어?" 취조하고 분석하는 듯한 질문을 받으면 우물쭈물 대답은 나오지 않고 기분은 안 좋아지는 경험을 한 번씩은 해보지 않았을까. 상대가 과거에 잘못한 점을 지적하는 피드백보다는 미래에 어떻게 하면 좋을지를 언급하는 것이 좋다.

"보고서에서 시장 동향 데이터가 너무 예전 거라 별로야." (X)
"보고서에서 시장 동향 데이터를 최근 연도로 업데이트하면 더 좋을 거야." (O)

"당신이 말하는 속도가 너무 빨라서 이해를 하나도 못 했어요." (X)
"당신이 조금만 더 천천히 말한다면 핵심 포인트를 더 잘 이해할 수 있을 것 같아요." (O)

2. 샌드위치 피드백

샌드위치 피드백은 한국 독자들도 많이 알고 있는 개념인데, 보다 정확하게는 'P-I-P Positive-Improvement-Positive 피드백'이라고 부른다. 샌드위치를 생각해보자. 내용물(고기, 야채, 치즈)이 중간에 들어가 있고, 겉은 부드러운 두 빵이 감싸고 있는 것이 그려지는가? 바로 중간의 핵심 재료가 우리가 전달하고자 하는 핵심 내용이다.

상대방이 잘한 부분을 이유와 함께 언급하고 Positive, 더 보완해야 할 부분을 이유와 함께 제시한 다음 Improvement, 종합적으로 앞의 2가지를 언급하며 개선하도록 독려하는 Positive 방법이다.

그런데 샌드위치 피드백을 가르치면 학생들이 종종 다음과 같이 말하는 경우가 있다.

"저는 성격이 직설적이어서 앞의 좋은 말들은 그냥 사탕발림처럼 들려요. 그래서 저는 그냥 고칠 부분만 이야기했으면 좋겠어요."

친구 사이나, 상대방의 의도를 긍정적으로 이해할 수 있을 만큼 신뢰가 쌓인 사람과는 캐주얼한 피드백이 가능하다. 따라서 **샌드위치 피드백은 업무에서 '공적으로 연결된 사이'일 때 쓰는 것이 가장 유용하다.** 상대에 대한 존중과 격식을 갖추고 칭찬과 조언을 함께 하기에 상대가 기분 상할 확률이 훨씬 적어질 뿐만 아니라, 오히려 더 잘하고 싶은 동기가 부여된다.

다음은 실제로 내가 수강생의 발표에서 썼던 피드백이다.

Positive

"발표 준비하느라 고생하셨어요! 서론-본론-결론이 명확하게 구분되도록 내용을 잘 말씀해주셔서 흐름이 매우 논리적으로 들렸습니다. ○○ 님이 강조한 3가지 핵심 내용도 구체적인 예시와 함께 적용되어서 생생하게 머릿속에 그려졌어요."

Improvement

"2가지 부분만 보완하시면 좋을 것 같은데요. 첫 번째는 청중과 아이콘택트를 조금만 더 적극적으로 해주길 바랄게요. 바닥을 오래 보고 말씀하셔서 청중이 ○○ 님과 충분히 연결되는 마음이 들지 못했을 것 같아요. 두 번째는 목소리 톤을 조금 더 다채롭고 자연스러운 대화체로 구사하면 좋겠습니다. 목소리 톤이 일정해서 대본을 외운 것 같은 인상을 줄 수 있거든요."

Positive

"전반적으로 논리적이고 설득력 있는 좋은 발표였습니다. 생생하고 좋은 예시가 있어서 이해가 쉬웠습니다. 비주얼 부분에서도 청중에게 연결될 수 있도록 조금만 노력해주시면 훨씬 좋은 발표가 될 것 같아요. 감사합니다!"

혹시 여러분이 내 수업의 수강생이라면 이런 피드백을 어떻게 받아들일까. 단점만 지적한 피드백에 비해 상대방을 격려하고 북돋워주며 명확한 방향을 제시하지 않는가.

실제로 내 수업에서 이 2가지 '플러스-플러스 피드백+샌드위치 피드백'을 적용하고 나서 학생들의 성적 컴플레인이 눈에 띄게 줄었고, 덕분에 교수로서 나의 멘탈도 훨씬 평화로워졌다.

지금까지 살펴본 바와 같이 **피드백의 핵심은 상대방이 더 나아졌으면 좋겠다는 '사랑'의 마음**이다. 상대의 현재 상황을 배려하고, 인정하고, 기대감을 준다면 상대방은 분명히 당신의 제안을 더 긍정적으로 받아들이고 그 기대에 부응하고자 노력할 것이다.

따뜻하게 원하는 것을
얻어내는 전략

나는 2024년 우연한 기회로 뉴욕대학교 경영대의 세스 프리먼Seth Freeman 교수와 인터뷰한 적이 있다. 당시 세스는 협상의 기술에 대한 번역서를 한국에서 출간하였고, 내가 한국에 있는 독자분들께 그 책을 소개하는 차원에서 인터뷰가 성사되었는데, 내가 세스에게 건넨 첫 질문은 이거였다.

"설득과 협상의 차이가 무엇이라고 생각하나요?"

상대방의 생각이나 행동을 바꾼다는 측면에서 보면 비슷해 보이지만 설득과 협상에는 큰 차이가 있다. 설득은 한쪽만 뚜렷하게 원하는 것이 있어서 그것을 달성하는 것이 목적인 반면, 협상은 서로가 원하는 것이 분명하게 있기에 그 중간에서 만나야 한다는 것이 가장 큰 차이다.

보통 협상이라고 하면 뉴스에 나오는 국가 간 협상이나 기업 사측과 노조의 협상과 같은 딱딱하고 서로 대치되는 상황만을 떠올리는데, 우리가 개인적인 측면에서 혹은 프로페셔널의 차원에서 하는 협상은 대부분 그렇게까지 긴장감이 높고 경직된 형태는 아니다. 나는 **서로가 서로에게 윈-윈 상황을 만들 수 있는 '따뜻한 협상'이 목표가 되어야 한다**고 강조하고 싶다. 누군가 한 사람이 이익을 독차지하고 다른 사람은 뺏기는 것이 아니라 나도 상대방도 소기의 목적을 어느 정도 달성하고 만족할 수 있어야 이상적인 협상이다. 우리가 따뜻한 협상을 하기 위해 알아야 하는 전략은 무엇일까.

상대를 만나기 전에 알아야 할 것

이해관계 interest

나와 상대방의 입장이 서로 다르다는 것을 기본적으로 인정해야 한다. '어떻게 이걸 이해 못 할 수 있어?'라고 생각하는 순간 갈등이 생겨난다. '그래. 저 사람 입장에서는 저렇게 나올 수 밖에 없겠네.'라고 상황과 이해관계의 차이가 있을 수밖에 없다는 것을 인정하도록 하자. **상대방의 입장에서 원하는 것,**

상대의 이익도 고려해야 한다. 예를 들어 연봉 협상을 앞두고 연봉 인상을 요구하고 싶다면 회사의 매출과 영업이익, 그리고 인사 관리자의 입장을 고려해 회사의 이익과 입장을 이해해야 한다.

이해관계

'지난 3년간 회사의 매출과 영업이익이 소폭 감소한 걸 고려하면 인사 관리자 입장에서는 연봉을 동결하거나 최소한만 인상하는 협상을 하도록 압박을 받을 거야. 반면에 성과에 합당한 보수를 주지 않으면 회사에 필요한 인재가 나가게 된다는 고민도 클 텐데 그렇다면 나는 내 이익(연봉 인상)과 회사의 이익(연봉 최소 인상, 능력 있는 직원 확보)을 어떻게 절충할 수 있을까.'

- 나의 입장: 연봉 인상
- 회사의 입장: 인건비 절감, 인적자원 확보(혹은 이탈 방지)

이것을 고민해보고 말고의 차이는 크다.

사실관계 facts

협상의 키는 사실 정보 싸움이다. 내가 해당 사안에 대한 모든 정보를 알고 있다면, 그것을 바탕으로 객관적이고 논리적으로 요구하는 것이 가능해진다. 자신이 일하는 조직에서 연차가 쌓인다고 해서 연봉을 올려주겠지 하고 마냥 기대하기보다는 같은 직종에서 해당 연차가 어떤 수준의 대우를 받는지 가능한 한 정보를 모아야 한다. 그리고 자신이 해당 분야에서 이루어낸 성과가 그 연차에 비해서 뛰어난 것인지를 수치화할 수 있어야 한다. 이 2가지가 합쳐져야 협상 테이블에서 유리한 조건을 차지할 수 있다.

사실 관계

나는 올해 ○○프로젝트에 공을 세워 ○○원의 매출을 올렸으며, 이건 목표 매출을 130% 달성한 수치야. 내 연차에서는 상위 20% 안에 들어가는 성과를 냈으니 충분히 연봉 연상을 주장할 수 있겠어. 그런데 우리 회사와 비슷한 규모의 회사 3곳에서 내 연차의 평균 연봉을 확인한 결과 A 회사 110%, B 회사 97%, C 회사 105%로 내 연봉은 B 회사 평균보다는 약간 높지만, 다른 두 회사에 비하면 낮은 편이야. 그렇다면 내 성과와 연차에 비해 낮은 연봉을 받는다고 볼 수 있어.

선택 사항 options

보통 우리는 협상이라고 하면 '연봉'에만 국한시키는데 사실은 이보다 더 다양한 옵션이 있다. 예를 들면 미국의 경우 재택근무, 유급휴가, 자기 계발 비용 혹은 이사 비용 지원, 배우자 취업 조건에 대해서 생각보다 다양한 선택 사항이 있다. 이러한 선택 사항 여러 개를 놓고 타당한 이유를 들어서 가장 중요하게 생각되는 몇 가지를 추려서 제안해보도록 하자. '연봉 인상이 아니면 절대 안 돼.' 하면서 경직된 태도를 취하는 것보다 훨씬 따뜻한 협상의 가능성이 높아진다. 해당 조직이 연봉 조건에 대해서는 규칙을 반드시 따라야 하지만, 재택근무나 자기 계발 비용 등은 내부적으로 유연하게 결정할 수 있다면 충분히 고려될 수 있는 선택 사항이기에, 전혀 물어보지 않는 것보다는 나은 결과를 가져올 수 있다.

선택 사항

옵션 1: 현재 연봉보다 8% 인상한 금액을 제안한다(8% 인상의 근거로 매출 목표를 130% 달성한 성과를 든다. 또한 내년의 주요 프로젝트인 ○○와 ○○에서 전년보다 성장한 성과를 달성할 것을 약속한다).

옵션 2: 인상률은 4.8%까지 타협할 수 있다(인상률을 타협하는 대신 회사 프로젝트와 내 역량 강화에 필요한 ○○강연 프로그램 교육 지원을 요구한다. 수강료와 교육 시간 확보를 보장받는 한편, 교육 지원이 회사의 프로젝트에 직간접적으로 도움이 되며 서로 윈-윈할 수 있음을 설득한다).

변호사가 많이 쓰는 협상 전략

앞서 언급한 세스 프리먼 교수는 변호사 출신으로 실전 협상 경험이 풍부하다. 그에게 "변호사이자 협상을 가르치는 교수로서 실생활에서 가장 많이 쓰는 협상 전략은 무엇인가요?"라고 질문한 적이 있다. 그의 대답은 바로 "내 말이 그 말이야 Exactly!" 였다. 상대방과의 협상 과정에서 **상대의 입에서 "바로 그 말이야"라는 '공감'의 표현이 나올 수 있도록 하는 것**이 가장 중요하다고 말했다. 협상은 서로가 서로의 말을 부정하고 반박하는 것이라고 생각하는데, 사실은 서로의 입장을 서로가 이해하는 '공감대'가 어느 정도 형성된다면 결국 그 공감을 통한 문제 해결이 가능해진다. 내 말로 상대방의 입장을 풀어보자.

나: 당신은 지금 자금 문제가 걱정되는 거죠? 저도 그 입장을 이해할 수 있어요.

상대방: 그래요. 당신도 잘 아시잖아요. 요즘 전반적으로 자금 조달이 어렵다는 거.

우리가 서로 반대편에서 대치하는 입장이 아니라 어느 정도 같은 편이라는 것을 느끼게 해주는 것이 중요하다. 이 협상 전략은 꼭 프로페셔널 영역이 아니더라도 일상에서 효과적으로 사용할 수 있다.

나: 첫 학기라 선생님이랑 친구들도 그렇고 모든 상황이 다 낯설지? 엄마도 학기 초반에는 늘 낯설고 긴장된 마음이었어. 이제 4학년이 되니 교과서 내용도 무척 어렵지 않아? 공부가 어려워지는 시기라서 작년보다 더 열심히 해야 제대로 이해하고 넘어갈 수 있을거야. 혹시 공부하는 데 필요한 게 있으면 말해주렴.

이렇게 연결되는 멘트를 한 다음에 자기가 원하는 것을 전한다면, 공감의 말이 전혀 없이 "너 이제 고학년이니까 공부나 해."라고 말하는 것보다 아이의 마음에 와닿을 것이다.

협상을 하는 상대방도 결국 인간이다. 사안에는 냉정하되 사람에게는 부드러워야 한다. 인간과 인간 사이에서 가장 큰 무기는 '연결'과 '공감'이라는 것을 꼭 기억해두었다가 서로가 원하는 것을 함께 이루어내는 따뜻한 협상을 만들어내길 진심으로 바란다.

4

무조건 통하는 스피치의 구조

3초 만에 청중을 사로잡는
7가지 오프닝

"안녕하세요, 저는 ○○에 사는 ○○○입니다. 여러분, 날씨가 참 화창하네요. 식사는 하셨나요? 오시는데 불편하진 않으셨고요? 많이 떨리네요…."

보통 스피치에 쓰는 전형적인 서두이다. 의외로 많은 사람이 스피치나 발표에서 서론의 중요성을 잘 알지 못한다. 서론을 자기소개하는 시간 아니면 청중과 대화를 통해 분위기를 누그러뜨리는 시간이라고 생각하기 때문이다. 하지만 청중을 사로잡는 스피치를 하기 위해서는 바로 이 서론, 그중에서도 발표자의 입에서 나오는 첫마디인 오프닝을 무척 중요하게 생각해야 한다.

오프닝의 가장 중요한 목적은 바로 **청중의 관심을 집중시키는 것**이다. 관심을 집중시킨다는 건 다시 말해서 청중이 발표자의 이야기를 더 듣고 싶게 만든다는 뜻이다. 그리고 발표자가 첫 번째 문장을 내뱉는 순간이 청중의 관심이 가장 고조된 순간, 저 사람이 무슨 말을 어떻게 할까 하는 호기심이 최고조가 되는 순간이다.

"안녕하세요, 저는 어느 소속 누구입니다." 하는 자기소개는 발표자가 유명 인사가 아닌 이상 사람들이 크게 궁금해하지 않는다는 것을 알아야 한다. 그리고 대부분의 경우 사회자가 발표자를 소개한 후 무대로 올라가기 때문에 스스로를 다시 소개할 필요는 없다.

물론 친근감을 형성하는 아이스 브레이크의 역할로서 오프닝을 할 수도 있다.

"오늘 날씨 좋죠? 식사는 하셨고요? 나들이 다녀오셨나요?"라는 식으로 발표를 시작하는 것은 친근감을 느끼게 할 수는 있지만, 그 자체로 그리 인상적인 첫인상은 만들지 못한다. 청중이 귀중한 시간을 내 온 자리에 평범한 인사말이나 신변잡기적인 내용으로 시간을 잡아먹는다는 인상을 주면 안 된다.

그렇다면 어떤 오프닝으로 발표를 시작해야 할까? 사람들에게 깊은 인상을 주는 오프닝은 크게 7가지로 나눠볼 수 있다.

1. 인용구

"소크라테스가 말했습니다. '너 자신을 알라.' 그런데 저는 저를 너무 모르고 살았더라고요."

"'실패는 성공의 어머니다.' 토머스 에디슨이 말했죠. 저는 1백 번의 실패를 통해서 단 한 번의 성공을 거두었습니다."

인용구로 발표를 시작하면 짧은 시간에 청중의 관심을 끌 수 있다. 특히 청중이 익히 알 만한 유명 인물의 말이나 잘 알려진 문구를 인용하면 발표자와 청중 사이에 공통된 이해가 생긴다. 발표 주제와 관련된 인용구를 선택하면 발표 내용에 관한 이해도를 높일 수 있다.

2. 간단한 일화

"저는 어린 시절 사람들 앞에서 한마디도 못하는 아이였습니다. 늘 엄마 치마 뒤에 숨는 부끄럼이 많은 아이였지요. 어렸을 때는 그 소심한 성격을 스스로 너무 싫어했는데, 어른이 되고 보니 소심한 성격이 살아가면서 꽤 도움이 되었다는 걸 깨달았습니다."

간단한 일화는 발표에 대한 이해를 돕는 것은 물론 청중의 이목을 집중시킨다. 여기에 자신만의 에피소드는 청중이 발표자에게 동질감을 느끼고 공감할 수 있게 한다. 청중이 발표자에게서 공통점을 발견하고 공감하면 발표에도 긍정적인 인상을 받게 된다.

따라서 오프닝을 일화로 시작할 때는 발표 주제는 물론 청중의 연령대와 관심사를 고려하는 게 좋다. 청중이 10대라면 대학 입시 진로에 대한 고민, 20대라면 연애나 취업에 대한 고민, 30대라면 결혼, 육아, 직장, 승진 등에 대한 고민 등 청중의 연령대와 관심사를 고려해 예시를 찾아보도록 하자.

3. 질문하기

"오늘 여기 계신 분들 가운데 아침 운동하고 오신 분 있습니까?"

질문으로 오프닝을 시작하면 발표자와 청중의 상호작용을 높여주는 효과가 있다. 청중이 발표 내용에 더 집중하게 되기 때문이다. 이러한 질문은 청중이 발표 내용에 대해 생각하게 만들어주고, 발표자와 청중 사이에 대화의 틀을 제공한다. 또한 청중이 더욱 쉽게 발표를 이해할 수 있다.

질문에 꼭 대답이 필요하지는 않다. 오프닝을 질문으로 시작하는 이유는 청중의 주의를 환기시키기 위해서이므로 청중으로 하여금 대답을 강요하는 느낌이 들지 않도록 해야 한다.

4. 놀랄 만한 정보 제시

"여러분, 온라인 해외 직구가 올해 5조 원 규모로 성장했다는 것 아시나요?"

발표를 시작할 때 놀랄 만한 정보를 제시하는 것은 청중의 관심을 끌어들이는 좋은 방법이다. 통계 수치나 의외의 팩트를 제시하면 청중은 더욱 집중하게 되고, 이후의 발표 스토리를 더욱 궁금해한다.

물론 이는 발표 주제와 밀접한 연관이 있는 정보여야 한다. 예를 들어 건강을 주제로 한 발표에서 "한국인의 70%가 소변 색을 무시한다는 사실을 아시나요?"와 같은 정보를 제시하면 청중은 더 관심을 가지고, 발표 내용에 더욱 집중할 수 있다. 이때는 청중이 이해하기 쉬운 내용을 택해야 한다.

5. 적절한 유머

"우수한 성적을 거두거나 각종 상을 탄 졸업생 여러분, 축하합니다. 그리고 C 학점을 받은 학생 여러분에게는 이렇게 말씀드리겠습니다. 여러분도 이제 대통령이 될 수 있습니다."

조지 W. 부시 전 미국 대통령이 자신의 모교인 예일대학교 졸업식에서 명예박사 학위를 받으며 한 연설이다. 당시 부시의 명예박사 학위 수여를 반대하는 교수들의 목소리가 거셌고, 그가 단상에 올라갈 때도 몇몇 사람은 야유를 터트렸다. 그러나 대학 시절 성적이 부진했던 자신을 언급한 부시의 유머는 단번에 분위기를 바꿔놓았고, 청중의 큰 호응을 받았다.

적절한 유머는 발표를 더욱 흥미롭게 만들어주고, 청중과의 상호작용을 높여준다. 또한 청중의 긴장된 마음을 풀어주면서 분위기를 즐겁게 만들어준다.

하지만 유머는 동시에 위험 부담이 따른다. 발표자는 유머를 이용하여 누군가를 희화화하거나 모욕하지 않도록 해야 한다. 유머를 사용할 때는 청중의 문화적 배경과 도덕적인 가치를 고려해야 하며, 불쾌감을 주는 내용이나 차별적인 내용은 사용하지 않아야 한다.

또한 발표자가 유머를 사용해본 경험이 적을 경우 발표 내용과 어울리지 않는 유머로 오히려 어색함을 유발할 수 있다. 따라서 유머를 사용하기 전에 반드시 충분한 연습을 하고 청중의 반응을 미리 파악해야 한다. 오프닝을 유머로 시작하고 싶다면 가족이나 동료들에게 먼저 들려주면서 반응을 살펴보자. 가족이나 동료들도 재미있어 하고 즐거워하는 유머라면 실전에서 사용해도 되지만, 반응이 별로 좋지 않았다면 열심히 준비한 유머라도 과감히 버리는 게 좋다.

6. 청중의 관심사

"예전에는 오래 사는 게 관심사였다면, 요즘의 관심사는 젊게 사는 것입니다. 여러분, 수년째 붐을 일으키고 있는 개념인 '저속 노화'라는 말 들어보셨나요?"

발표를 시작할 때 청중의 관심사에 초점을 맞추는 것은 매우 중요하다. 이는 청중과 상호작용하는 것은 물론 청중이 발표에 집중할 수 있도록 도와주기 때문이다. 따라서 발표자는 청중의 성별, 연령, 직업, 상황 등을 고려하여 청중이 어떤 이야기에 관심이 있을지 파악하고, 예상 관심사를 발표 주제에 적절히 녹여내야 한다.

또한 청중의 관심사에 초점을 맞추면 긍정적이고 매력적인 분위기를 조성하는 효과도 있다. 인간에게는 기본적으로 인정받고 싶은 욕구가 있다. 발표자가 청중에게 관심을 표현하고, 청중의 관심사를 언급하면 청중은 발표 내용에 더욱 수용적으로 바뀐다.

따라서 스피치할 기회가 주어졌을 때, 발표자는 청중의 특성을 가장 먼저 파악하는 것이 중요하다.

7. 청중이 처했을 법한 상황 언급

발표를 시작할 때 청중이 처한 상황을 언급하는 것은, 청중과의 공감과 상호작용을 높일 수 있는 좋은 방법이다. 어떤 청중이 그 자리에 오는지를 앞서 파악할 수 있다면, 그들이 현재 처한 상황을 예상하여 언급할 수 있다.

예를 들어 "여러분, 이번 주도 열심히 일하셨죠? 긴장된 일상에서 쉬고 싶은 마음이 크다면, 오늘 이 발표를 통해 일상에서 잘 쉬는 방법을 함께 배워보도록 합시다!" 이렇게 청중이 공감할 만한 상황을 언급하면, 청중이 발표 내용과 자신들의 상황을 직접적으로 연결 지을 수 있어 발표에 관심이 커진다.

만일 소상공인을 대상으로 하는 발표라면, 이런 오프닝을 통해 청중과 심리적인 거리감을 좁힐 수 있다.

"여러분, 코로나 기간 동안 얼마나 힘드셨습니까? 저희 아버지 역시 30년 넘게 운영해온 식당을 최근에 폐업하셨습니다."

이렇게 발표자가 자신의 개인적인 경험을 통해 청중의 상황을 이해하고 공감한다는 것을 느끼게 해주면 발표자와 청중 간에 긍정적인 관계가 형성된다. 이러한 상호작용은 청중이 발표자를 감정적으로 신뢰하고, 발표에 더욱 집중할 수 있게 한다.

지금까지 청중의 이목을 사로잡는 오프닝을 준비하는 7가지 방법을 알아보았다. 핵심은 청중의 관심사와 상황을 파악하여 청중의 이목을 끌고 상호작용을 높일 방법을 찾아내는 것이며, 이를 통해 청중의 이해도와 관심도는 물론 발표의 전달력도 높일 수 있다.

알고 듣는 것과 모르고 듣는 것의
엄청난 차이

앞에서는 발표의 첫인상을 결정하는 오프닝에 관해 살펴보았다. 그러나 서론은 오프닝이 다가 아니다. 청중을 사로잡는 효과적인 말하기를 하려면 서론에서 오프닝 이외에도 3가지를 반드시 챙겨야 한다. 바로 발표 목적 밝히기, 핵심 내용 프리뷰, 자격 조건 밝히기다.

1. 발표 목적 밝히기

발표자가 서론에서 반드시 전해야 하는 것은 발표의 목적이다. 흔히 발표자들은 발표의 목적을 청중이 이미 알고 있다고 착각한다. 발표자 자신은 발표 이전에 많은 배경 지식을 공부하고 반복적으로 연습하기 때문에 자신이 왜 그 자리에 있는지, 무엇을 이야기하고자 하는지 명확하게 알고 있다. 하지만 청중은 발표자만큼 명확하게 목적을 알고 들을 수 없다. 따라서 발표자가 발표의 목적을 먼저 이야기해야 청중이 마음의 준비를 하고 들을 수 있다. 보통 발표의 목적은 크게 3가지로 결정된다. 정보 전달, 설득, 기타 특수한 상황(이벤트, 시상식, 결혼식, 장례식 등)에서의 말하기이다.

- **정보 전달**

"오늘 저는 인공지능, 챗GPT에 대해 설명을 드리고, 여러분이 앞으로 활용하실 수 있는 방법을 알려드리고자 합니다."

"저는 오늘 간헐적 단식이 어떻게 여러분의 건강에 도움이 되는지 이론적인 지식을 전해드리고, 제가 실제로 3달간 실천한 결과를 바탕으로 꿀팁을 드리고자 합니다"

- **설득**

"저는 오늘 이 자리에서 반려견 유기의 현황과 심각성에 대해서 말씀드리고, 유기견을 보호하기 위해 우리가 할 수 있는 방법을 알려드리려고 합니다."

• 수상 소감

"저는 오늘 이 자리에서 이 상을 받기까지 도움을 주셨던 많은 분께 감사를 드리고자 합니다."

이렇게 간단하게라도 서두에 발표 목적을 밝힌다면, 청중은 발표자로부터 발표 주제와 목적을 파악할 수 있어 마음이 좀 더 편해진 상태에서 이야기를 들을 수 있다. 발표자에게는 너무나 당연할 수 있는 이 단계가 청중에게는 결코 당연하지 않다는 것을 기억하고, 청중이 직접 파악해야 하는 노고를 줄여주는 것이 좋다.

2. 핵심 내용 프리뷰

"오늘 제 영상에서 이야기할 주제는 ○○이고요. 그중에서 제가 말씀드릴 주요 내용은 다음과 같습니다…."

정보성 콘텐츠를 제공하는 유튜브 영상에서 공통적으로 발견되는 것이 있다. 본론으로 넘어가기 전에 서두에서 영상에서 다룰 내용에 관해 간략하게 프리뷰하는 것이다. 이것은 하이라이트와는 다른데, 영상의 최고조를 보여주는 것이 아니라 앞으로 본론이 어떻게 흘러갈지를 보여주는 길잡이 역할을 한다.

발표에서도 서론의 마지막 부분, 즉 본론으로 넘어가기 직전에 프리뷰를 해야 한다. 보통 사람들은 이 부분을 간과한다. '어차피 본론에서 바로 할 이야기인데?'라는 생각 때문이다. 하지만 청중의 입장에서 보면 이 간략한 핵심 내용을 알고 듣는 것과 모르고 듣는 것에 큰 차이가 있다. 프리뷰를 통해 무슨 내용이 다뤄질지를 알게 되면 **청중은 자신이 어느 부분을 집중적으로 들을지 마음속으로 선택할 수 있다.** 청중도 사람이기에 발표에 100% 집중하는 것이 불가능하다. 그렇기에 발표자가 먼저 어떤 내용을 이야기할지 알려주어 청중이 자신의 관심도에 따라 더 집중해 들을 부분을 파악할 수 있도록 배려해야 한다.

"저는 오늘 퍼스널브랜딩 시대의 말하기 전략에 대해서 이야기하려고 합니다. 구체적으로, 퍼스널브랜딩이 왜 중요한지, 효과적인 말하기가 왜 중요한지, 그리고 채널별 말하기 전략에 대해서 알려드리겠습니다."

청중은 이를 듣자마자 '아, 나는 앞의 2가지는 그렇게 궁금하지 않은데 마지막 채널별 말하기 전략은 꼭 들어야겠어!' 하고 자신이 집중할 부분을 염두에 두게 된다.

이때 중요한 것은 프리뷰는 간략해야 한다는 것이다. 서론에서 발표의 핵심 포인트를 장황하고 상세하게 말하면 스포일러가 되어 청중의 기대감이 떨어지게 만든다. 주제만 던지되,

핵심 내용에 관한 정보를 간략하게 맛보기 정도로만 제공하여 청중의 호기심을 자아내는 정도로 만들면 된다.

그리고 프리뷰에서 A-B-C의 순서로 언급했다면 본론에서도 프리뷰에서 제시한 것과 동일한 A-B-C 순서로 말해야 한다. 발표자가 서론에서 '개인-사회-해외 사례' 순서로 이야기하겠다고 해놓고서 본론에서는 '사회-개인-해외 사례' 등으로 순서를 바꿔 언급한다면 청중은 발표를 잘 따라가지 못하고 헷갈리게 된다.

3. 자격 조건 밝히기

우리는 누군가의 이야기를 들을 때 단순히 수동적으로 듣지 않는다. 듣는 과정도 적극적인 프로세스를 거친다. '이 사람이 이 주제에 대해 이야기하는 것이 합당한가? 내가 믿어도 되는 사람인가? 저 정보는 확실한가? 왠지 끌리는가?' 청중은 듣는 것과 동시에 이런 가치 판단을 하기 마련이다.

따라서 발표자는 자신의 자격 조건을 언급함으로써 청중의 예상되는 노고를 줄여주어야 한다. 이는 앞서 1장에서 다룬 아리스토텔레스 수사학의 '에토스'에 해당하는데, 발표자의 신뢰도를 높여야만 그 사람이 하는 말의 설득력이 높아진다는 것이다.

간혹 어떤 사람들은 "제가 박사, 교수도 아닌데, 그럼 그 분야에 관해 말할 자격이 없는 것 아닌가요?" 하고 질문한다. 그렇지 않다. 자신이 학위가 있는 전문가가 아니어도 오랫동안 관심을 둔 분야라면 청중의 신뢰를 충분히 얻을 수 있다. 이때는 어떤 계기로 그 주제에 관심을 두었고, 더 알기 위해 어떤 노력을 했는지, 어떻게 꾸준히 해당 분야에 관심을 두었는지를 청중에게 어필하는 게 좋다. 개인적으로 나는 코로나 시기에 번아웃을 겪으면서 '마음 챙김mindfulness'에 관심을 갖게 되었고, 그 후부터 쭉 꾸준히 일상에서 명상을 실천하고 호흡법을 통해 마음의 평화를 찾았다는 이야기를 한다. 나는 명상이나 '마음 챙김' 전문가는 아니지만, 이 주제에 관해 강연을 하게 되더라도 청중의 공감과 신뢰를 얻을 자신이 있다.

나의 주장을
논리적으로 만드는 법

내 수업을 듣는 분들께 "평소에 말하기와 관련하여 고민하는 것은 무엇입니까?"라고 물으면 많은 분이 이렇게 이야기한다.

"제가 좀 두서없이 말하는 것 같아요"

이런 피드백을 들어봤거나 스스로 이렇게 생각한다면 아마도 말하기 구조에서 그 이유를 찾아야 할 것이다. 말하기 구조는 생각의 논리성, 구체성을 보여주는 핵심이다. 특히나 본론에서의 구조는 발표의 성패를 좌우하는 중요한 역할을 한다.

주제에 대한 내용 구성이 논리적이지 않으면 발표와 스피치는 효과를 완전히 발휘할 수 없게 된다. 본론의 구조가 명확하게 드러나려면 어떻게 해야 할까. 다음 3가지를 살펴보자.

1. 두괄식 구성

두괄식 말하기는 먼저 주장을 말하고 그 뒤에 주장을 뒷받침하는 설명이나 근거, 예시를 드는 방식이다.

핵심 내용을 서두에 말하기 때문에 두괄식 구성은 말의 흐름을 훨씬 명확하게 만들어준다. 특히 북미권 문화에서 비즈니스 커뮤니케이션을 하기 위해서는 두괄식으로 말하는 게 매우 유리하다. 이는 내가 학생들에게 꼭 가르치는 중요한 개념이다.

예를 들어 '좋은 스피치를 만드는 방법'이라는 주제를 두괄식으로 전달하기 위해서는 이런 방식을 택한다.

"스피치를 성공적으로 전달하기 위해 중요한 것 중 하나는 명확한 목표를 세우는 것입니다(주장). 목표를 분명하게 설정하면 스피치 전체를 구성하고 구체화하는 데 도움이 되고(근거 1) 이를 통해 스피치의 주제를 깊이 있게 다루어 더 많은 정보를 전달할 수 있기 때문입니다(근거 2)."

'성공적인 스피치를 위해 중요한 것 중 하나는 명확한 목표'라는 주장을 서두에 이야기하고 그 뒤에 뒷받침 내용, 이유를 붙이면 전하고자 하는 메시지를 군더더기 없이 깔끔하게 전달할 수 있다.

두괄식 말하기는 다소 복잡한 주제를 전달할 때 특히 효과적이다. 왜냐하면 어려운 주제를 한 번에 설명할 경우, 청중이 혼란스러워하거나 이해하지 못할 수 있기 때문이다. 하지만 두괄식으로 주장(혹은 핵심 내용)과 이유(혹은 뒷받침 내용)의 순서로 전달하면 복잡한 주제도 청중이 보다 쉽게 이해할 수 있다.

2. 객관적인 근거 제시

주장을 논리적으로 만들기 위해서는 사실에 기반한 객관적인 근거가 필요하다. 객관적인 근거가 뒷받침되어야만 주장의 타당성을 더욱 강화하고 상대의 공격에 반박할 수 있다. 이때 표현과 내용 2가지 측면에서 꼭 알아야 하는 점이 있다.

먼저 **표현에서는 과장이나 애매모호한 표현을 쓰지 않도록 주의**해야 한다. 예를 들어 "○○의 효과는 정말 큽니다." 대신 "○○의 효과는 57%의 높은 효율성을 가져옵니다."라고 구체적으로 말해야 설득력이 높아진다. 또한 "이 제품은 엄청 좋아요."와 같은 애매모호한 표현보다는 "이 제품은 매년 1백만 개 이상 판매되며, 고객 만족도 조사에서 90% 이상의 높은 평가를 받았습니다."와 같이 구체적인 사실과 수치로 뒷받침하면 더욱 설득력이 있다. 이는 앞에서 언급한 면접에도 동일하게 적용된다. 자신의 경험이나 성과에 대해서 말할 때 추상적이고 주관적인 표현 대신 구체적이고 객관적인 표현이 훨씬 설득력이 높다.

또한 내용상 중요한 것은 **객관성이 확인되는 정보를 제공**해야 한다. 주장을 뒷받침할 때는 비전문가의 블로그나 SNS 글 등 출처나 신뢰도가 불분명한 근거가 아니라 원저자의 책 혹은 기관의 보고서를 인용해서 자신의 주장이 충분히 믿을 만하다는 것을 확실하게 밝히는 것이 좋다. 특히 통계나 객관적인 숫자를 언급할 때에는 되도록 최신 자료를 사용하는 것이 좋다. 해당 분야의 최신 연구 동향과 정보를 반영하고 업데이트된 정보를 담고 있기 때문에 자신의 주장을 더욱 믿을 만하게 만들 수 있다. 이렇게 표현과 내용의 객관성을 높인다면 전문성과 신뢰성을 높일 수 있으니 꼭 참고하기를 바란다.

3. 쉬운 표현 사용

좋은 본론은 청중이 이해하기 쉽도록 구성되고 표현되어야 한다. 발표자들은 종종 너무 어려운 단어나 표현을 사용하는 실수를 저지른다. 자신의 지식을 과시하려는 마음이 있거나 자신이 속한 기관이나 업계에서 관용적으로 쓰이는 용어를 순화 없이 쓰는 경우 등이다. 청중에게 익숙하지 않은 용어나 어려운 용어는 **청중 입장에서 이해하기 쉬운 표현으로** 바꿔줘야 한다. 교육에 관해 말한다면 '성취도 향상' 대신 '성적을 높이는 방법'으로 말하는 식이다.

그리고 **복잡한 개념을 설명할 때는 예시나 비유를 사용**하여 이해하기 쉽게 해야 한다. 만일 보여주고자 하는 개념이 실제로 어렵다면, 그것을 일상적인 상황이나 사물에 비유해서 설명하는 것이 좋다. 이렇게 하면 청중이 자신들의 경험과 연결 지어 더욱 쉽게 이해할 수 있기 때문이다. 예를 들어 "학업 능률 향상을 위해서는 뇌의 뉴런을 자극하고 신경망을 형성해야 합니다."라고 말하는 대신 "공부 시간이 충분하지 않다고 느낀다면 운동을 하듯이 뇌를 운동시켜 더욱 효과적인 학습을 할 수 있습니다."라고 설명하면 청중이 이해하기 쉽고 효과적이다.

이렇게 간단하고 명확한 용어와 함께 예시나 비유를 사용한다면 청중이 발표자의 주장을 더욱 쉽게 이해하고 받아들일 수 있다.

기억에 남는 핵심 메시지를 만드는
특급 노하우

앞에서 명확한 본론은 두괄식 구조를 띠고, 객관적 근거로 주장을 탄탄하게 뒷받침하며, 청중이 이해하기 쉬운 표현을 사용한다고 말했다. 여기에 추가로 알아야 할 것이 있다. 본론에 나오는 핵심 내용의 개수이다.

마법의 숫자 3

만약 오늘 강의할 상사가 "오늘 여러분께 명상의 긍정적 효과 12가지를 알려드리겠습니다."라고 한다면 어떤 생각이 드는가? '아휴, 너무 많아! 12가지를 어떻게 다 기억해?'라는 생각이 들지 않는가? 그렇다면 이것은 어떤가? "오늘 저는 여러분께 명상의 긍정적 효과 1가지를 알려드리겠습니다." 어떤 생각이 드는가? '에계, 고작 1가지라고?'라는 생각이 들 것이다.

그렇다면 청중의 부담도 최소화하면서 뭔가 배울 만하다고 느끼게 하는 매직 넘버는 과연 무엇일까? 바로 3이다. 그래서 우리가 알게 모르게 3가지로 간추려서 이야기하는 사람들을 많이 보는 것이다. 3가지로 정리되는 내용이라면 부담 없이 기억하기도 좋고, 뭔가 배우는 것이 있다고 느끼게 된다.

그런데 실제로 알려야 하는 핵심 내용이 3가지 이상이라면 어떻게 할까? 중요한 3가지만 남기고 나머지를 걸러내야 하는 것일까. 아님 꿋꿋하게 모두 언급해야 하는 것일까. 답은 여러 내용을 재범주화하여 다시 3가지로 조정하는 것이다.

전해야 하는 내용이 아무리 많아도, 다시 정리해보면 다른 카테고리로 재범주화할 수 있다. 전하는 내용이 '한국, 일본, 중국, 아프가니스탄, 이란, 사우디아라비아, 파키스탄, 영국, 프랑스, 독일'이라면, '동아시아, 서아시아, 서유럽'이라는 상위 레벨로 재범주화할 수 있다. '월급, 저축, 절약, 주식 투자, 부동산 투자, 펀드 투자'라는 범주는 '돈 벌기, 돈 모으기, 자산 불리기'로 재범주화할 수 있다.

이때 M.E.C.E.라는 개념을 적용하면 좋다. 미국의 컨설팅

업계에서 자주 쓰는 논리적 구조화 방법인데, 범주화한 내용들이 서로 겹쳐지지 않으면서도mutually exclusive 큰 주제를 모두 포괄하고 있는지collectively exhausted 살펴보는 것이다. 예를 들어 앞서 말한 '돈 벌기, 돈 모으기, 자산 불리기'에서 이 3가지가 서로 겹치지 않으면서도 '금융 재테크'라는 큰 주제를 모두 포괄하고 있다면 좋은 논리적 구조가 된다.

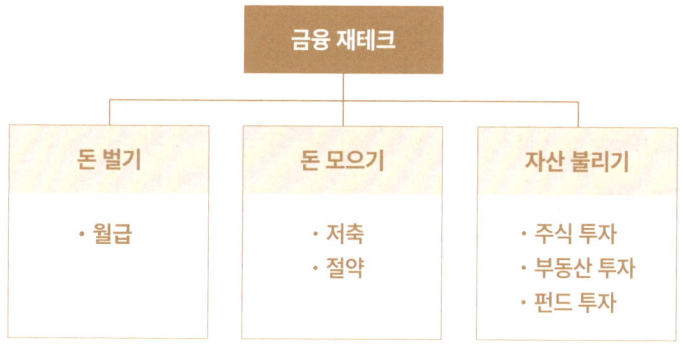

핵심 내용 사이의 유기적 연결

앞서 발표자가 청중이 기억하기 쉽도록 전체 핵심 내용을 3가지로 간추려 강조해야 청중이 강연장을 떠날 때 발표자가 강조했던 내용을 기억할 수 있다고 말했다. 이때 중요한 것은 그 핵심 내용을 명확한 순서와 흐름으로 구성해야 한다는 것이다. 발표자가 말하는 포인트가 서로 관련성이 없는 경우 청중이 내용을 이해하기 어려워지기 때문이다. 더구나 파워포인트와 같은 비주얼적 단서가 없으면 청중은 오직 발표자의 말에 의존하기 때문에 핵심 내용 간의 자연스러운 연결을 만드는 것이 매우 중요하다.

따라서 발표자는 핵심 내용이 명확한 순서로 구성되는지 그리고 유기적으로 연결되는지를 고려해서 청중이 내용을 쉽게 이해하도록 도울 필요가 있다.

여기서 내 학생들을 비롯해서 많은 분이 궁금해하는 부분이 있다. 그럼 내용 간에 유기적인 연결을 어떻게 만드는가 하는 것이다.

많은 사람이 핵심 내용 간 연결을 생각할 때 '첫째, 둘째, 셋째…'와 같은 연결어를 많이 쓴다. 매우 간단하기 때문에 자주 쓰이는 연결어이지만 사실은 비교적 약한 전환어Transition Words에 속한다. 내용을 단순하게 나열하는 것이기 때문에 내용 사이의 유기성이 떨어져서 청중의 기억에 남기 어렵다.

그렇다면 어떻게 해야 할까. 적절한 전환어 혹은 전환구를 통해 단 두 문장으로 유기적인 스토리를 만들고 발표의 방향을 제시해준다. 핵심 주제 간 연관성을 하나의 문장으로 만드는 것이다. 다음은 내용의 유기적 연결을 만드는 방법이다.

- 자신이 방금 언급한 것을 요약한 후 다음 순서로 언급할 주제를 간략히 소개한다.

  "지금까지 최근 5년간의 온라인 쇼핑 트렌드에 대해 이야기하였습니다(요약). 다음으로 산업별 온라인 쇼핑의 특징을 살펴보도록 하겠습니다(다음 주제 소개)."

- 질문 형식을 사용할 것! 질문을 하면 청중은 답을 떠올리기 위해서라도 순간적으로 발표에 집중하게 된다. 이때 반드시 대답을 들을 필요는 없다.

  "온라인 쇼핑의 비약적 성장은 단지 우리나라만의 이야기일까요? 자, 다른 나라의 상황도 보실까요?"

- 첫째, 둘째, 셋째 말고 보다 다양한 전환어를 활용할 것!

  "이제 다음으로 넘어가겠습니다."

  "이전에 언급한 것에 추가하여…"

  "마찬가지로…"

- 핵심 아이디어를 강조하기 위해 반복 및 재정리

  "여기서 중요한 포인트는…"

  "요약하자면…"

이렇게 앞의 팁을 따르면 청중의 기억에 남을 뿐만 아니라 효과적인 발표를 할 수 있다.

"이상입니다, 질문 있습니까?"는 이제 그만!

"이상으로 발표를 마치겠습니다. 질문 있습니까?"

많은 사람이 발표를 마무리할 때 이렇게 끝을 맺는다. 과연 이런 결론은 좋은 마무리일까?

스피치를 가르치는 입장에서 서론-본론-결론 가운데 어느 부분이 가장 중요하냐는 질문을 받으면 나는 아마도 스피치의 결론이라고 말할 것 같다. 물론 서론을 통해 청중의 주의를 집중시키는 것도 중요하고, 본론을 통해 핵심 내용을 전달하는 것도 중요하다. 하지만 아무리 핵심 내용을 잘 전달했다고 해도, 마지막까지 청중의 관심을 잡아둘 수 있는 것은 바로 결론이다.

그럼에도 많은 사람이 발표의 시작인 서론이나 발표의 핵심 내용인 본론에 너무 집중한 나머지 결론 부분을 소홀히 하거나, 시간에 쫓겨서 허둥지둥 마무리하는 경우를 자주 보게 된다. 아무리 본론의 내용이 좋더라도 시간에 쫓겨 결론이 흐지부지 전달된다면 청중은 그 발표를 제대로 기억하지 못할 것이 분명하다. 스피치에서 결론의 가장 중요한 목표는 발표의 핵심 내용을 다시 한번 상기시키고, 청중이 기억해야 할 내용을 강조하는 것이다. 그렇다면 청중의 기억에 남는 결론을 만들기 위해서 어떻게 해야 할까?

1. 명확한 엔딩 시그널

먼저 명확한 엔딩 시그널을 주어야 한다. 결론으로 들어가는 명확한 엔딩 시그널의 예는 다음과 같다.

- "자, 이제 결론을 말씀드리겠습니다."
- "요약하자면, 오늘 제가 다룬 내용은 다음과 같습니다."
- "마지막으로, 이번 발표에서 전달하고자 하는 가장 중요한 메시지는 다음과 같습니다."

왜 명확한 엔딩 시그널이 필요한 걸까? **스피치에서는 청중이 발표자의 대본을 볼 수 없기 때문이다.** 발표자는 자신이 스피치 구조를 만들었기 때문에, 어디에서 본론이 끝나고 어느 부분부터 결론이 시작되는지 잘 알고 있다.

그러나 스피치에서 청중은 대본을 볼 수 없다. 파워포인트 등 시각 자료가 없을 경우 오직 발표자의 리드에만 의존하기 때문에 어느 부분부터 결론이 시작되는지 명확하게 파악하기 어렵다. 따라서 발표자가 먼저 명확한 엔딩 시그널을 줘야만 청중의 입장에서 '이제 발표가 끝나는구나.' 하고 마음의 준비를 하면서 그 흐름을 따라갈 수 있다.

2. 핵심 내용 재요약 및 리마인드

그다음으로 스피치의 결론 부분에서 반드시 알아두어야 하는 것은 발표자가 주장한 **핵심 내용을 간략하게 재요약하면서 청중에게 다시 한번 상기시켜야 한다는** 것이다. 이 이야기를 듣고 어떤 사람들은 이렇게 생각할 수도 있다. '서론에서도 핵심 내용을 프리뷰(미리 보기)했고, 본론에서도 이야기했고, 결론에서도 이야기한다면 사람들이 '한 말 또 하고 한 말 또 하네.'라고 생각하지 않을까.' 다시 한번 잘 생각해보자. 청중은 우리 이야기를 100% 집중하며 듣고 있지 않다. 우리가 다른 사람의 이야기를 들을 때 얼마나 집중하며 듣는지 떠올려보라. 100% 주의를 기울여 초집중하는 경우는 드물다. 청중도 마찬가지다.

그러므로 발표자는 청중의 입장에서 최대한 친절하게 이해를 도와야 한다. 발표의 목적과 핵심 내용을 여러 번 반복하면서 상기시킨다면 청중이 발표 내용을 더욱 잘 이해할 수 있을 것이다. 이때는 서론에서 프리뷰했던 것처럼 핵심 내용이 무엇이었는지 키워드를 중심으로 간단하게 짚어주면 된다.

"지금까지 저는 온라인 쇼핑의 현주소와 산업별·국가별 특징에 관해 이야기하고, 미래를 대비하는 현명한 소비자로서 어떤 태도를 가져야 하는지에 대해서 발표하였습니다. 오늘 제 발표를 통해 온라인 쇼핑의 현재와 미래에 대한 정보를 얻는 시간이 되셨기를 바랍니다."

3. 인상적인 펀치라인

명확한 엔딩 시그널과 발표의 목적과 주제를 상기시키는 것 이외에 결론에서 빼놓을 수 없는 한 가지가 있는데, 그것은 바로 **마지막 펀치라인**이다. 내가 미국에서 학생들을 가르치면서 가장 많이 듣는 마지막 한마디는 무엇일까? 그것은 바로 "That's it(이상입니다)."이다. 내 말하기 수업을 듣기 전까지 학생들 10명이면 10명 모두 이렇게 발표를 마쳤다. 여기에 덧붙인다면 "질문 있습니까?" 정도다.

"이상입니다. 질문 있습니까?"라는 식으로 나른 사람과 똑같이 마무리한다면 그 발표는 다른 사람의 발표와 다를 바 없는 그저 그런 평범한 발표로 청중의 인상에 남게 될 것이다. 나는 이 책을 통해 많은 분이 다른 사람들과 같은 평범한 발표가 아니라 자신만의 개성이 묻어나는 인상적인 발표를 하게 되길 간절하게 바란다.

그렇다면 발표에서 마지막 한마디가 중요한 이유는 무엇일까? 바로 청중이 발표를 기억하는 데 큰 영향을 미치기 때문이다. 발표가 끝나면 청중에게는 발표자와 그의 메시지에 대한 최종적인 인상이 남는데, 이 최종적인 인상은 대개 발표자가 말한 마지막 말에 의해 형성된다.

그렇다면 청중이 오랫동안 기억할 수 있는 인상적인 끝맺음은 어떻게 만들 수 있을까? 핵심 주제를 다시 강조하거나 청중에게 감사하며 마무리 하는 방법, 앞으로 자신의 포부를 밝히는 방법 등이 있다. 하지만 이것도 저것도 생각나지 않을 때는 가장 간편하고도 효율적인 방법이 있는데, 바로 오프닝 내용을 '재활용'하는 것이다.

발표를 시작할 때 오프닝을 질문으로 시작했다면 발표를 마무리할 때 오프닝에 썼던 질문을 다시 언급하면서 청중에게 던지는 것으로 마무리해도 좋다. 개인의 에피소드로 시작했다면 또다시 개인적인 에피소드로 마무리하면 된다. 그렇게 하면 발표의 처음과 끝이 연결되면서 청중에게 완결된 이야기를 들었다는 인상을 주게 된다.

- **인용으로 오프닝을 한 경우**

오프닝

"소크라테스가 말했습니다. '너 자신을 알라.' 그런데 저는 저를 너무 모르고 살았더라고요."

펀치라인

"이렇게 제 인생을 돌아보고 그 과정에서 저 자신을 찾게 된 지금, 저는 여러분께 이렇게 말씀드릴 수 있게 되었습니다. '저는 이제 비로소 나 자신을 알게 되었습니다.'"

- **질문으로 오프닝을 한 경우**

오프닝

"여러분은 행복이 뭐라고 생각하십니까?"

펀치라인

"이제 누군가가 제게 행복이 뭐냐고 물어본다면 저는 한 치의 망설임 없이 이렇게 말할 겁니다. '사랑과 연결'이라고. 여러분의 행복의 정의는 무엇입니까?"

기억에 남는 발표의 끝맺음을 만드는 또 나른 방법은 Call to Action(CTA)으로, 청중이 발표의 내용을 기반으로 어떤 행동을 취할 수 있도록 화두를 던지는 것이다. 실제로 Call to Action은 헬스 커뮤니케이션이나 마케팅 커뮤니케이션과 같은 설득하는 말하기에서 자주 쓰인다.

예를 들어 '커피를 줄여야만 한다.'라는 주제로 발표를 했으면, 커피가 몸에 좋지 않은 여러 가지 이유를 본론에서 나열하고 커피를 줄일 수 있는 방법에 대해 설명한 다음에, 결론으로 "따라서 오늘부터 커피를 하루에 한 잔씩 줄이는 것에 동참하세요!"라고 행동을 유도하는 것이다. 본론의 내용과 구조가 탄탄하게 잡혀 있다면 결론에서는 효과적으로 행동을 유도할 수 있다.

4. 시간 관리

마지막으로, 끝맺음을 할 때 고려해야 할 것은 **시간 관리**time management다. 앞서 말했듯 발표를 주어진 시간 내에 끝내는 것은 발표자에게도 청중에게도 매우 중요하다. 우선 발표자가 주어진 시간 내에 발표를 끝내야 청중이 발표 내용에 더욱 집중할 수 있다. 발표자가 시간을 초과하면 논점이 흐려져 내용이 명확하게 전달되지 않고, 너무 빨리 끝내면 청중이 충분하게 이해하지 못해서 발표가 수박 겉 핥기 식으로 끝날 수 있다.

또 주어진 시간 내에 발표를 마쳐야 발표자의 신뢰도가 올라간다. 사전에 약속된 시간을 지키고 존중한다는 의미이기 때문이다.

따라서 발표 전에 연습을 통해서 시간을 안배하고 발표 중 시간을 체크하며 내용을 조절하는 등 주의를 기울여야 한다.

기립박수가 나올 수밖에 없는 스피치는 탄탄한 구조에서 나오는 결론, 그중에서도 청중의 마음에 각인되는 끝맺음이 결정한다. 특히 마지막 펀치라인은 비록 한 문장이지만, 결코 가볍게 여기면 안 되는 중요한 요소이다.

각자 청중의 마음과 뇌리에 깊이 남을 수 있는 마지막 킬링한 줄을 꼭 만들어서 사람들에게 자신의 메시지 혹은 자신에 대한 깊은 인상을 전할 수 있길 바란다.

5

발화와 비주얼,
말하기의 전달

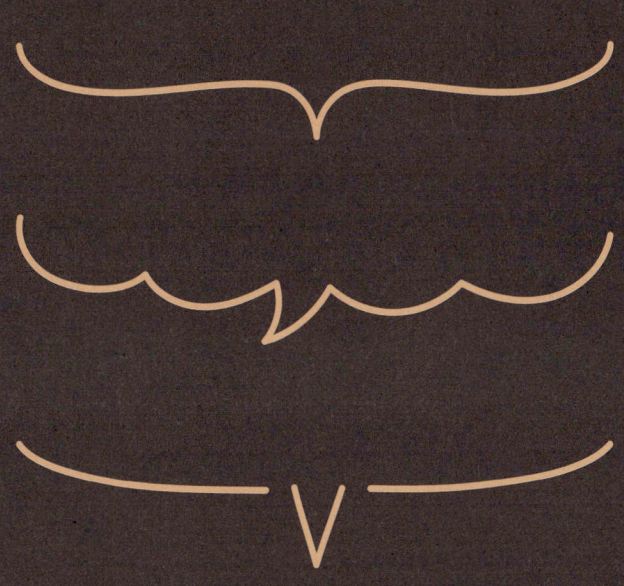

목소리가 작아도
집중하게 하는 전략이 있다

흔히 말을 잘하는 사람 하면 목소리가 우렁차고, 발음이 정확하고, 자신감과 카리스마 있는 사람을 떠올릴 것이다. 주로 전달delivery과 관련된 요소인 발화, 비주얼이 좋은 사람들이다. 버락 오바마 전 미국 대통령 등 스피치로 유명한 사람들은 연설 내용도 좋지만 당당하고 카리스마 있는 모습으로 좌중을 압도하고 이끌었다. 말하기에서 보통 발화나 비주얼이라는 외적인 요소는 타고난다고 생각하기 쉽다. 하지만 미국에서 다양한 학생에게 말하기를 가르치면서 내가 내린 결론은 발화와 비주얼은 타고나는 것이 아니라 이해와 연습, 집질한 고침과 반복되는 훈련으로 만들어진다는 것이다.

타고난 목소리가 작아도, 발음이 부정확해도, 성격이 내성적이라도 괜찮다. 발화와 비주얼 요소를 알아보고, 훈련을 통해 이것을 나만의 것으로 익히고 체화한다면 좌중에게 내 매력과 메시지를 탁월하게 전달할 수 있다.

"저는 목소리가 작아서 스피치를 못하겠어요."

"저는 내성적이라 말을 못해요."

많은 사람이 성격과 타고난 목소리를 스피치의 약점이라고 생각하고, 자신은 목소리가 작기 때문에 혹은 성격이 내성적이기 때문에 스피치를 잘할 수 없을 것이라고 단정 짓는다.

나 역시 말하기를 배우기 전에 그렇게 생각했다. 말하기는 나와 거리가 멀고, 내가 잘할 수 없는 영역이라고 여겼다. 지금의 나는 여전히 목소리가 작고 내향적인 성격이지만, 많은 사람을 가르치는 것은 물론 유튜브와 인스타그램으로 활발하게 소통하고 있다. 말하기를 이해하고 배운다면 목소리가 작거나 수줍음을 잘 타는 것은 그리 문제가 되지 않는다.

꼭 큰 목소리가 스피치에 유리한 것도 아니다. 큰 목소리와 작은 목소리는 각각 적재적소에 있어야 효과적이다.

일단 목소리가 너무 작으면 상대방이 발표 내용을 잘 듣지 못하게 된다. 몇 번 잘 들으려고 노력할 수도 있지만, 청중의 인내심은 그리 길지 않다. 이내 다른 생각을 하거나 발표자에게 불만을 갖게 될 공산이 크다. 하지만 이야기 도중 갑자기 작은

소리를 낸다면 사람들은 '무슨 얘기를 하길래 갑자기 조용히 말하는 거지? 뭔가 중요한 내용인가 보다.' 하면서 더욱 집중하게 된다.

반면 목소리가 크다면 순간적으로 주의를 집중시킬 수 있지만 그게 계속된다면 목소리 자체가 소음처럼 느껴질 수도 있다. 따라서 스피치에서는 '적절한' 음량을 유지하는 것이 필수적이다. 그렇다면 '적절한' 음량이란 어느 정도일까.

1. 멀리 있는 청중도 편안하게 잘 들을 수 있는 정도여야 한다

오프라인에서 발표하는 경우, 발표를 시작하기 전에 맨 뒤나 가장 구석에 있는 사람들에게 목소리가 잘 들리냐고 물어봐서 확인하는 것을 추천한다. 마이크가 있는 경우에는 자신의 목소리가 너무 크게 들리지는 않는지, 적절한 음량으로 유지되는지를 미리 파악하는 것이 중요하다.

2. 주제에 알맞은 세기와 강도의 음량을 찾아본다

정보성 콘텐츠를 전달할 때는 큰 음량은 아니더라도 목소리가 명료하게, 또박또박 들리게 하는 게 좋다. 이와 달리 동기부여나 행동 변화를 촉구하는 내용이라면 중간중간 중요한 부분에서 음량을 다이내믹하게 가져가는 게 효과가 좋다. 이때 보다 극적인 효과를 위해 다양한 음량을 구사할 수 있는데, 예를 들어 일반적인 내용을 발표할 때는 음량을 일정하게 유지하다가 강조하고 싶은 내용이나 중요한 내용을 발표할 때는 음량을 크게 혹은 더 작게 함으로써 청중의 주의를 끌 수 있다.

"제가 오늘 여러분께 말씀드리고 싶은 것은 한마디로 '꺾이지 않는 마음'(이 부분만 음량 크게)입니다."
"여러분, 퍼스널 브랜딩에서 가장 중요한 건 뭘까요? 그것은 바로 '진정성'(이 부분만 음량 작게)입니다."

하지만 너무 자주 음량을 변화시키거나 음량이 지나치게 크면 자연스럽지 못한 인상을 줘서 청중이 불편함을 느낄 수 있기 때문에 적절한 수준을 유지해야 한다. 연습할 때는 발표 내용을 프린트해서 중요한 부분이나 강조하고 싶은 내용에 밑줄 혹은 하이라이트 표시를 하면서 그 부분의 음량을 조절해보자.

3. 주제에 적당한 신뢰감과 권위가 실리도록 음량을 구사해야 한다

발표할 때 가장 신경 써야 할 부분은 나의 목소리가 주제에 맞는 신뢰감과 권위를 가지고 있는가이다. 어려운 주제라면 전문가로서 신뢰감과 발표자로서 타당성을 청중이 느낄 수 있도록 목소리에서 권위가 느껴지면 좋다. 내용이 쉽고 대중적이라면 공감과 연결을 이끌어내고, 청중과 상호작용할 수 있는 편안한 이미지가 느껴지도록 목소리를 구사해야 한다.

그렇다면 목소리 크기를 키우기 위해서는 어떻게 해야 할까? 일단 가장 기본으로 생각해야 할 것은 '**좋은 자세**에서 좋은 발성이 나온다'라는 것이다. 어깨를 편하게 펴서 떨어뜨려주고, 복부의 코어를 단단하게 유지한다. 등을 구부정하게 굽히지 말고 가슴을 살짝 내밀어 당당한 자세를 유지한다. 턱을 적당히 들어서 고정한 채 말하면 좀 더 단단하고 자연스러운 발성이 나온다.

또한 목소리를 크게 하려면 **복식호흡**으로 말해야 한다. 복식호흡은 숨을 깊게 들이쉬고 배를 팽팽하게 만든 후 천천히 숨을 내쉰다. 이때 숨을 들이마실 때 가슴이 아닌 배에 공기가 들어가서 배가 나와야 한다. 이렇게 복식호흡을 하면 폐활량을 늘리고 발성 근육을 강화하여 목소리를 크게 할 수 있을 뿐만 아니라, 신뢰감이 드는 중저음 목소리를 낼 수 있고, 좀 더 긴 발성을 하거나 음의 높이를 조절하는 데도 도움이 된다.

한 문장을 말할 때 복식호흡으로 숨을 짧게 한번 들이쉬고 말하는 것을 연습해보자. 또한 연습할 때는 실제 말하는 것보다 좀 더 과장되게 큰 목소리로 또박또박 말하도록 해야 한다. 그 이유는 실전 상황이 뇌면 아무래도 긴장되고 떨리기 때문에 목소리가 빨라지거나 작아지기 때문이다. 연습할 때 본인의 목소리를 좀 더 크고 천천히 내면 실전에서는 자기가 원했던 것과 더욱 가까운 느낌으로 청중에게 전달될 확률이 높아진다.

너무 빠르거나 느리지 않은
말의 빠르기

학기가 시작되고 학생들에게 첫 발표를 시키면 10명 중 9명은 아주아주 빠른 속도로 이야기한다. 오죽하면 한 명 한 명 발표가 끝날 때마다 나는 "자, 이제 숨쉬도록 해now, breathe!"라고 한다. 나도 그제서야 숨을 제대로 쉰다. 나도 모르게 발표자와 함께 숨을 참고 있었다는 느낌이다. 발표자의 긴장된 마음을 나도 느끼고 있었던 것이다.

혹시 누군가가 숨도 쉬지 않고 발표하는 것을 가까이에서 본 경험이 있는가? 그때 청중으로서 기분이 어떠했는지 생각해볼 필요가 있다. 그리고 발표 내용이 잘 이해되었는지도 제크해봐야 한다. 아마 그리 기분이 좋지도, 내용이 잘 이해되지도 않았을 것이다. 말의 속도가 중요한 이유는 크게 2가지다.

우선, **말의 속도는 청중의 이해도에 영향을 준다.** 발표자가 너무 빠르게 말하면 청중은 발표 내용을 놓칠 가능성이 높다. 발표 내용이 복잡하거나 어려울수록 청중은 내용을 더욱 곱씹으면서 이해하려고 노력하는데, 발표자가 너무 빨리 말하면 청중이 미처 내용을 파악할 겨를 없이 발표가 후루룩 지나가게 된다. 당연히 청중의 머릿속에 남는 내용이 그리 많지 않을 것이다.

따라서 발표자는 청중의 이해 수준을 고려해서 적절한 속도로 발표를 진행해야 한다. 발표자가 전달하는 주제가 이미 친숙할 거라 예상되는 청중이 모여 있다면 적절하게 빠른 템포로 진행해도 된다. 모두가 이미 핵심 내용들을 알고 있기 때문이다. 하지만 발표자가 전달하는 주제가 생소할 거라고 예상되는 청중이 모이는 자리라면 본인이 평소 말하는 것보다 더 천천히 말하면서 중요한 개념이나 핵심 내용을 하나하나 짚어주는 것이 더 중요하다.

둘째, **말의 속도는 발표자의 자신감을 보여준다.** 발표자가 너무 빠르게 말하면 발음이 엉켜서 전달이 불분명하거나 말이 끊어지는 등의 문제가 발생할 수 있는데, 이러면 청중에게 불안한 느낌을 주므로 자연스럽게 발표의 효과도 떨어진다. 더욱이 발표자가 자신이 없거나 떨릴 때 말을 빨리 하는 경향이 있다.

얼른 끝내고 싶다는 마음 때문인데 청중은 또 그걸 기가 막히 게 캐치해서 '아, 이 사람 지금 떨려서 말을 빨리 하는구나.' 하고 생각한다. 따라서 발표자는 자신감을 보여주기 위해서라도 청중이 이해할 수 있는 적절한 속도로 여유 있게 말할 수 있어야 한다.

하지만 이와 반대로 발표자가 처음부터 끝까지 너무 천천히 말하면 청중이 지루해하고 다른 생각을 하거나 졸게 될 수도 있다. 따라서 **말하기의 적절한 속도는 너무 빠르지도 너무 느리지도 않아야 한다. 즉 우리가 평소 말하는 속도와 비슷하면 된다는 것**이다. 평소 속도와 비슷하게 말하면 말하는 사람도 편안하고, 청중도 편안하게 들을 수 있다. 평균적으로 보통 사람은 일상적인 대화에서 1분에 100~120단어 내외를 말한다고 한다(말하는 속도를 파악하기 위해서는 원고를 작성해서 워드 파일에서 총글자 수를 체크하고, 이를 소리 내어 읽은 후 자신이 몇 분 동안 읽었는지 확인하여, 글자 수를 읽은 분 수로 나누면 된다).

발표 주제와 내용에 따라 속도가 달라질 수 있다는 것도 알아두면 좋다. 지식을 전달하는 정보성 콘텐츠인 경우는 새로운 내용이나 복잡한 구조를 전달하기 때문에 조금 천천히 짚어주어야 한다. 중간중간에 말하는 속도를 늦추면서 청중이 이해하도록 도움을 주면 좋다. 특히 통계 등의 숫자나 수치를 이야기할 때, 혹은 학술 발표일 경우, 결괏값이나 내용을 요약할 때 핵심 내용을 짚어가면서 살짝 느린 속도로 말하는 것이 보다 효과적이다.

반면 동기부여나 행동 변화를 촉구하는 스피치를 할 때는 발표자의 생생한 감정이나 열정이 들어가기 때문에 약간 **빠른** 속도의 말하기가 오히려 생생한 감정을 전달할 수 있어 좋다. 특히 오프닝에서 청중과 교감하고 첫인상을 만들 기회가 주어졌을 때 쓰면 그 효과가 배가될 것이다. 자신에게 가장 편안한 말의 빠르기가 상대에게도 가장 편안하게 들린다는 것을 꼭 기억하여 나다운 말하기의 매력에 빠져보자.

메시지의 이미지를
결정하는 음의 높낮이

유독 특정 수업 시간에 딴생각을 자주 하거나 졸았던 경험이 있다면 그 과목 선생님의 목소리 톤을 떠올려보자. 혹시 그분이 수업 내내 낮은 모노톤의 목소리를 구사하지는 않았는가? 마찬가지로 누군가의 발표를 들었는데 그 내용이 하나도 귀에 들어오지 않았다면 발표자의 톤이 높낮이 변화 없이 단조롭게 이어지지 않았는지 생각해볼 일이다.

이는 모두 음의 높낮이pitch와 관련된 내용이다. 음조라고도 불린다. 그렇다면 음의 높낮이가 왜 중요할까? 가장 중요한 이유는 음의 높낮이가 전달하는 메시지의 이미지를 결정하기 때문이다. **높은 톤은 생생함이나 긴장감을 표현하는 데 효과적**이다. 목소리 톤이 높으면 일단 주의를 집중시키는 데 좋다. 메시지를 강조하고 싶을 때도 보통 톤이 높아진다. 싸울 때 높은 톤의 목소리가 나는 이유다.

반대로 **낮은 톤은 편안함과 여유, 진지함을 표현하고자 할 때 가장 효과적**이다. 심야 시간에 라디오에서 흘러나오는 디제이들의 음성은 대부분 톤이 낮다. 청취자들이 잠들 시간이기 때문에 최대한 편안하고 여유 있는 목소리를 강조하는 것이다.

스피치에서 음의 높낮이가 문제가 되는 상황은 처음부터 끝까지 하나의 톤으로 말할 때이다.

"에…. 오늘 저희가 모인 이유는 바로 최근 우리 회사의 실적에 대해 함께 토론을 나누고자 함에 있습니다. 전체 안건은 총 5개인데 첫째는…"

이 회의를 진행하는 사람의 톤이 높다면 아마 청중은 초반에 집중할 수 있을 것이다. 그러나 높은 톤이 지속된다면 몇 분 지나지 않아 참석자들이 매우 피로함을 느낄 것이 분명하다. 만약 그 사람의 목소리가 낮은 편이라면 사람들이 편안하게 듣겠지만 머지않아 곧 지루하게 느끼고 다른 생각을 하게 될 뿐만 아니라 꾸벅꾸벅 조는 사람도 생길 것이다.

나 역시 매 학기 80명 가까운 학생의 발표를 반복해 듣는데,

가장 힘들 때가 학생들이 단조로운 톤으로 말할 때다. 집중을 하려고 아무리 노력해도 집중하기 어렵기 때문이다.

단조로운 톤으로 전해지는 스피치의 가장 큰 문제는 바로 인위적으로 들린다는 데 있다. 여기에 말하는 사람의 표정도 변화가 없다면 그 효과(?)는 배가된다. 마치 로봇이나 자동응답기의 말을 듣는 느낌이다. 그렇다면 어떤 톤으로 말해야 할까?

1. 평소 대화 톤보다 조금 더 역동적으로(다양하게)!

대화하는 느낌으로 자연스럽게 말하되, 스피치 자체가 일대일 대화가 아닌 퍼포먼스의 일종이기 때문에 조금 더 역동적이고 생생할 필요가 있다. 하나의 톤을 유지하지 말고 적재적소에서 다양한 톤을 연습해보자.

2. 밸런스를 유지할 것!

목소리의 높은 톤과 낮은 톤은 각각 다른 효과가 있다는 것을 기억하고, 목소리의 밸런스를 유지하도록 하자. 높은 톤은 긴장감과 생생한 느낌을 주므로 오프닝 혹은 서론에서 청중의 관심을 끌고 공감을 얻을 때 사용하면 특히 효과적이다. 낮은 톤은 진지한 느낌을 주기 때문에 본론에서 핵심 주장을 말할 때나 결론에서 전체 내용을 요약해 정리할 때 사용하던 좋다.

3. 지나치면 연기 톤, 없으면 열정 부족

스피치 역시 과유불급임을 기억하자. 뭐든지 지나치면 좋을 것이 없다. 아무리 다양하게 목소리 톤을 구사하더라도 그 다양함이 지나치면 마치 연기하는 것처럼 들린다. 성인을 대상으로 발표하면서 어린이에게 구연동화를 할 때와 같은 연기 톤으로 말한다고 생각해보자. 초반에 관심은 끌 수 있겠지만 진정성을 느끼기 어렵다. 한편 음조의 다양함이 너무 없어도 발표자의 열정이 없는 것처럼 느껴지므로, 자신의 목소리 톤에 에너지를 불어넣는 방법을 고민해봐야 한다.

스피치라고 해서 아나운서 같은 특별한 목소리 톤을 가질 필요가 없다. 자신이 이미 가지고 있는 목소리 톤이 가장 매력적으로 청중에게 다가간다고 생각하고 말맛이 나게끔 다양한 톤으로 연습해보자.

잠시 멈춤,
멍때리던 사람도 3초 만에 집중시키는 마법

나는 말하기에서 가장 중요한 것 중 하나는 바로 의미 단위로 끊어 읽기, 즉 '잠시 멈춤pause'이라고 생각한다. 잠시 멈춤은 정말 숙련된 발표자들이 전략적으로 잘 쓰는 말하기 스킬 중 하나다.

흔히 스피치나 발표라고 하면 청산유수처럼 막힘없이 줄줄줄 이야기하는 것만을 생각하는데, 내가 생각했을 때 효과적인 잠시 멈춤을 잘 하는 사람이야말로 청중을 사로잡는 최고의 연사이다. 잠시 멈춤은 왜 중요한 것일까.

- 말을 의미 단위로 끊어주기 때문에 아이디어를 구분하는 역할을 한다.
- 문장이 늘어져서 말이 자칫 지루해지는 것을 방지할 수 있다.
- 잠시 여유를 주면서 시간을 벌어주는 역할을 하기 때문에 청중의 이해를 높일 수 있다.
- 강조하고자 하는 핵심 메시지 혹은 중요한 숫자 등을 부각할 수 있다.
- 인용구를 사용할 때 더욱 강조할 수 있다.
- 발표자가 본인의 생각을 정리하면서 다음 내용을 생각할 수 있다.

이 잠시 멈춤에도 다양한 종류가 있다.

1. 쉼표 멈춤

쉼표가 있는 부분 혹은 쉼표를 둘 수 있는 부분에서 잠시 쉬는 방법이다. 단어나 생각 단위를 분명히 나눌 수 있다.

"제가 오늘 장 보고 온 것들을 알려드릴게요. 사과, 바나나, 오렌지, 배, 복숭아, 수박…."

이렇게 아이템을 나열하는 문장에서는 쉼표 멈춤을 해야 한다. 쉼표 멈춤은 **1초 미만**의 가장 짧은 단위의 쉼을 필요로 한다.

2. 문장 멈춤

문장이 끝나는 부분(마침표)에서 잠시 쉬는 것을 말한다. 당연한 게 아닌가 싶을 수도 있지만, 은근히 많은 사람이 문장이 끝나도 쉬지 않고 다음 문장을 말한다. 외운 대로 하려다 보니 마음이 급해서 말을 쉬어야 하는 타이밍에도 쉬지 않는 것이다. 이런 말하기는 듣는 사람 입장에서는 내용이 잘 전달되지 않는 것은 물론 숨가쁘고 불편한 감정을 느끼게 된다.

문장 멈춤에서는 문장이 구분될 때마다 잠깐 쉬어주고, 시간은 쉼표 멈춤보다는 상대적으로 긴 **2초 내외**면 충분하다.

3. 문단 멈춤

문단이 바뀌는 경우라면 쉼표 멈춤, 문장 멈춤보다 약간 더 길게 쉬는 게 좋다. 문단 멈춤이 중요한 이유는 앞서 4장에서 밝힌 것처럼 스피치는 글을 읽는 것과 다르기 때문이다. 청중은 발표자의 대본을 볼 수 없기 때문에 어느 부분에서 다른 주제로 전환되고 문단이 바뀌는지 눈으로 구분할 수 없다. 발표자의 말하기를 통해 파악할 수밖에 없기 때문에, 발표자는 문단이 바뀌는 부분에서 잠시 쉬어줌으로써 스피치 주제나 내용이 전환되는 지점을 청중이 간접적으로 알 수 있게 해야 한다.

4. 강조 멈춤

발표에서 강조하고자 하는 핵심 단어 혹은 핵심 구가 있는 경우, 그 핵심어의 직전과 직후에 약간 간격을 두고 쉬어줌으로써 청중이 명확하게 그 단어를 기억하도록 하는 역할을 한다.

"인생에서 가장 중요한 것은 바로(잠시 멈춤) '행복'(잠시 멈춤)입니다."

이렇게 '행복'이라는 단어의 앞뒤로 살짝 쉬어주면 청중은 발표자가 '행복'을 강조하고자 한다는 걸 바로 알아차릴 수 있다. 이때 목소리를 약간 작게 하거나 크게 함으로써 그 단어를 강조하는 응용도 가능하다.

5. 주의 환기(질문) 멈춤

"여러분, 우리가 요즘 소셜 미디어에 쏟는 시간이 얼마나 되는지 생각해보셨나요?(잠시 멈춤)"

청중과 상호작용을 하거나, 발표 시작 혹은 중간에 주의 집중을 하기 위해 질문하는 경우가 있다. 그때에도 질문하고 난 후에 바로 본인의 이야기를 이어나가기보다는 **2~3초간** 잠시 멈춤으로써 청중이 질문의 내용(혹은 질문하는 의도)에 대해 잠시 생각해볼 기회를 줄 수 있다.

효과적으로 문장의 의미 단위에서 잠시 멈춤을 하는 것은 스피치를 더욱 명료하게 전할 수 있을 뿐만 아니라, 청중과의 상호작용에 도움을 주고, 메시지의 효과를 배가시키는 데 무척 중요한 역할을 한다. 베테랑 강연자들만 구사할 수 있었던 잠시 멈춤 스킬을 연습해두었다가 앞으로 있을 발표에서 꼭 활용해 청중을 깜짝 놀라게 하길 기대한다.

습관어,
이것만 고쳐도 2배는 더 말을 잘하게 된다

"에-, 음-, 또, 그래서, 그러니까…."

혹시 이런 말을 습관적으로 쓰는 편인가? 미국 드라마에서도 "you know", "like", "so", "um" 등의 표현을 자주 들을 수 있다. 영어로는 이런 의미 없는 습관어를 'filler words'라고 한다. 그 자체로는 의미가 없지만 말 중간중간에 비는 부분을 '채워 넣는fill' 말이다. 영어가 유창하게 들리게 하기 때문에 영어 공부를 할 때 이런 습관어 사용을 장려하기도 한다.

나 역시 이런 습관어를 열심히 사용하던 시절이 있었다. 2004년에 교환학생으로 처음 미국에 왔을 때, 주변 미국인 친구들처럼 말하고 싶어서 일부러 자주 썼던 말이 "you know", "like"와 같은 습관어였다. 거꾸로 이제 미국에서 공적 말하기를 가르치는 입장이 된 지금은 습관어를 없애기 위해 노력하고 있다. 일상생활에서는 자연스럽게 사용하는 무의식적인 언어 습관이 전문적인 발표나 스피치 상황에서는 오히려 독으로 작용할 수 있기 때문이다. 하지만 습관어 사용이 무조건 나쁜 건 아니다. 머릿속으로 생각하는 사이에 발생하는 자연스러운 표현이기 때문이다. 오히려 면접 상황에서는 습관어 하나 없이 외운 듯 깔끔하게 말하는 것보다 약간의 망설임과 머뭇거림에서 나오는 표현을 구사하는 지원자를 더 높게 평가한다는 실험 연구도 있다. 습관어를 어느 정도 자연스럽게 쓰는 것은 괜찮다.

하지만 뭐든지 지나쳐서 좋은 건 없다. 말하기에 필요 이상으로 습관어가 들어갈 경우, 다음과 같은 단점이 있다.

먼저, **지나친 습관어 사용은 소중한 시간을 잡아먹는다.** 어쩌다 한 번씩 쓰는 것은 괜찮지만, 문장마다 습관어를 쓴다면 발표 시간의 상당 부분을 차지하게 될 것이다. 시간은 곧 돈이다. 바쁜 시간을 쪼개 발표자에게서 무언가 듣고 배우고자 하는 사람들에게 시간 낭비를 하게 해서는 안 된다. 발표자 스스로와 청중을 존중한다면 지나친 습관어 사용은 자제하게 될 것이다.

또한 **지나친 습관어 사용은 발표자의 신뢰도를 떨어뜨린다.** 습관어가 말의 중간중간에 비는 부분을 채워 넣는 것이기 때문에

"에-, 또-, 그래서-"와 같은 의미 없는 말이 자꾸 들어가면 청중은 '발표자가 할 말이 없어서 저런 단어를 쓰는구나. 준비를 덜 했나 보다.'라고 생각하게 될 것이다. 결국 발표자의 이미지를 프로페셔널하지 못하게 만든다. 연구에 의하면* ==청중의 연령대가 높을수록 습관어를 자주 쓰는 사람을 부정적으로 평가==하는 경향이 높다고 한다. 너무 자주 의미 없는 습관어를 쓰면 역시나 청중의 집중력을 떨어뜨린다.

그렇다면 이런 습관어 사용을 고칠 수 있을까? 습관어를 하루아침에 고치는 것은 매우 어려운 일이다. 자신도 모르게 오랜 세월에 걸쳐 몸에 밴 말투이기 때문이다. 그렇다면 어떻게 고칠 수 있을까? 여기 습관어를 고치고자 하는 사람에게 추천하는 4주 차 계획이 있다. 중요한 말하기를 앞두고 있거나 습관어를 지나치게 사용하는 사람이라면 4주간 이 연습을 실천해보자.

- **1주 차:** 친한 친구(혹은 가족)에게 본인이 습관어를 쓸 때마다 알려달라고 한다. 이때는 습관어를 고치려고 노력하지 않아도 된다. 그냥 얼마나 자주 쓰는지 파악해보자.

- **2주 차:** 습관어를 쓸 때마다 스스로 알아차리려는 노력을 한다. 이때부

터는 어떤 순간에 습관어가 나오는지를 스스로 느껴야 한다. 청중에게 정보를 이해하는 시간을 주면서 발표자의 생각을 가다듬을 것.

- **3주 차:** 습관어를 쓰려고 하는 순간마다 적극적으로 멈추자. 습관어를 쓰려는 그 찰나에 딱 멈추고 아무 말도 하지 않도록 노력해야 한다. 그 짧은 순간마저도 발표자에게는 긴 시간이라고 느껴질 수 있지만, 실제로 청중의 귀에는 자연스럽게 들린다.

- **4주 차:** 변화가 느껴진다면 계속 연습하고, 큰 변화가 없으면 1주 차로 돌아가서 새로 시작한다

이런 대표적인 언어 습관은 평생을 걸쳐 쌓아온 영역이기 때문에 하룻밤 사이에 고쳐지지 않는다. 하지만 노력한다면 반드시 고칠 수 있는 것도 바로 이런 습관어 사용이다. 스스로 자신이나 주변 사람들의 습관어를 인지하고 고치려고 노력해보는 것 자체가 절반의 성공이나 다름없다. 독자들도 이 방법을 적용해서 2배로 말을 잘하는 것처럼 느껴지는 효과를 경험하면 좋겠다.

아이콘택트,
진심을 전하는 가장 강력한 도구

미국에서 10년 넘게 생활하면서, 그리고 학생들을 가르치면서 깨달은 커뮤니케이션에서 가장 중요한 한 가지가 있다. 바로 '아이콘택트eye contact'이다. 말 그대로 상대방과 눈을 마주치는 것인데, 나는 스피치의 비주얼 부분에서 가장 중요하다고 생각한다. 그 이유는 사람 사이에 진심을 전하는 가장 강력한 도구이기 때문이다.

발표에서 아이콘택트는 대화 상대인 청중과 눈을 마주치는 것을 의미한다. 나는 강연이나 수업, 코칭을 하면서 한국인분들의 발표를 자주 보는데, 가장 놀랐던 부분이 많은 사람이 아이콘택트를 잘 하지 않는다는 것이었다. 이유를 물으면 이런 대답이 많이 돌아온다.

"눈을 똑바로 쳐다보면 버릇없다고 생각할 것 같아서요."

"잘 모르는 사이인데 눈을 막 쳐다보면 상대방이 당황할 것 같아요."

"어렸을 때부터 어른들 눈을 똑바로 쳐다보면 안 된다고 배웠어요."

예의와 존중, 위계질서를 중요하게 여기는 우리나라 특유의 문화가 반영된 결과다. 그럼에도 불구하고 스피치에서 아이콘택트가 중요한 이유는 무엇일까?

먼저, **청중에 대한 관심과 존중의 표현**이기 때문이다. 아이콘택트는 발표자가 청중과 가장 처음으로 신뢰를 형성할 수 있는 방법이다. 우리는 사람들의 얼굴을 관찰할 때 눈을 가장 먼저 보기 때문이다. 발표자는 청중과 적극적인 눈 맞춤을 통해 청중이 자신의 이야기에 얼마나 집중하고 이해하고 있는지 느낄 수 있어야 한다. 청중은 그 과정을 통해 자신이 존중받는다고 느낀다. 이는 자연스럽게 신뢰 관계를 형성하고 더 나은 상호작용을 가능하게 한다.

또한 아이콘택트는 얼굴 표정, 미소, 눈빛 등을 통해 **감정을 전달하고 이해하는 데 도움**을 준다. 눈은 자신의 감정적인 상태를 표현하는 데 중요한 역할을 하므로, 아이콘택트를 통해 발표자의 감정이나 의도를 전달할 수 있다. 이는 발표 메시지를 보완하는 역할을 하며 청중의 이해를 돕는다.

덧붙여 아이콘택트는 **자기 표현과 자신감을 강화**하는 데 도움을 준다. 눈을 마주침으로써 우리는 자신의 의견이나 감정을 표현하는 데 더 자유로워지고, 상대방에게 자신감을 보여줄 수 있다. 발표자는 아이콘택트를 통해 자신의 메시지에 대한 지지와 신뢰를 얻을 수 있다. 이렇게 아이콘택트는 자신감과 품위를 보여주며, 상대방의 관심과 존중을 얻을 수 있는 중요한 도구이다.

자, 그렇다면 도대체 어떻게 하면 아이콘택트를 잘할 수 있을까? **발표하는 동안 90% 이상 청중과 아이콘택트하는 것을 목표**로 설정한다. 대표적인 강연 프로그램인 〈세바시〉나 〈테드〉 강연 등을 생각해보자. 좋은 발표자는 프롬프터가 있어도 청중 대부분과 눈을 맞추면서 말한다. 친구들과 하는 개인적인 대화를 생각해보아도 된다. 우리는 친구와 대화할 때 자연스럽게 상대방의 눈을 쳐다본다. 발표할 때는 그 상대방이 여러 명이라고 생각하면서 찬찬히 한 명씩 시선을 옮겨가면 되는 것이다. 종종 발표자가 청중과 눈을 맞추는 것이 두려운 나머지 스캐너로 대충 훑는 식으로 눈 맞춤을 하는 경우가 있는데, 그러면 청중도 제대로 연결감을 느끼지 못할 뿐만 아니라 발표자도 불안감이 없어지지 않는다. 따라서 가능하다면 청중 한 사람당 2~3초간 의미 있는 눈 맞춤을 해야 청중도 '저 사람이 내가 여기 있는 걸 아는구나.'라는 마음이 들게 되고, 발표자 역시 서로 눈을 마주치는 과정에서 연결감을 느낄 수 있기에 마음이 점점 편해진다.

그래도 청중과 눈을 맞추는 것이 힘들다면 일단 무대에서 보이는 객석을 세 부분으로 나누어(왼쪽-가운데-오른쪽) 그 구역 내에서 눈이 마주친 몇몇 청중을 자연스럽게 바라보면 된다.

온라인 발표라면 카메라 혹은 노트북에 있는 녹색 카메라 렌즈를 주시해야 한다. 가끔씩 일부러라도 봐주어야 한다. 우리가 흔히 슬라이드만 보거나 화면에 비친 자기 얼굴만 보고 얘기하는 경우가 많은데, 가능하면 가끔이라도 카메라 렌즈를 보려고 노력해야 한다. 왜냐하면 청중 입장에서 발표자가 자신을 직접 본다는 느낌을 받기 때문에 연결감이 훨씬 높아지기 때문이다. 특히 **오프닝같이 청중의 관심도가 높을 때나 마지막 인상을 남겨야 하는 클로징 때**는 신경 써서 카메라 렌즈를 통해 눈 맞춤을 하면 좋다.

사실 영상에 익숙하지 않은 사람에게는 카메라 렌즈를 보는 일이 쉽지 않다. 그런 분들에게 내가 추천드리는 방법은 포스트잇에 스마일 얼굴을 그려서 노트북 카메라 가까이에 붙이는 것이다. 그러면 카메라 렌즈를 직접 보지 않아도 스마일 얼굴을 보면서 말하게 되므로 한결 부담감 없이 자연스러운 시선 처리를 할 수 있다. 실제로 내가 화상 면접을 하는 내 학생들에게 추천하는 방법이고 아주 효과가 좋다는 피드백을 듣고 있는 전략이므로, 이 책을 보는 분들도 온라인 발표나 면접 등에서 잘 활용하면 좋겠다.

또 다른 방법으로는 **연습 상황에서도 눈 맞춤을 해야만 하는 환경을 조성하면 좋다.** 보통 연습을 하라고 하면 혼자 조용한 방안에서 문을 닫고 연습한다. 그렇게 연습하면 어쩐지 연습도 잘되는 것 같이 느껴진다. 하지만 이는 청중이 실제로 눈앞에 있는 상황이 아니기 때문에 실전에서 당황해서 실수를 할 확률이 높아진다. 따라서 연습을 할 때도 1, 2명을 앞에 앉혀 놓고 눈을 마주쳐가면서 해야 어느 정도 경미한 스트레스가 동반된 상황에서 실전의 분위기를 익힐 수 있다.

마지막으로, 파워포인트와 같은 슬라이드가 있는 발표를 할 때는 되도록 슬라이드를 보면서 말하는 것을 피해야 한다. 간혹 슬라이드가 있으면 청중을 안 봐도 되기 때문에 안도하는 분들이 있는데, 그건 청중과 연결되지 않겠다는 뜻이나 마찬가지이므로 결코 좋은 발표가 될 수 없다. 따라서 내용을 충분히 숙지한 상태에서 슬라이드는 잠깐 확인하는 용도로 보고, 바로 청중과 눈을 맞추는 데에 더 신경 쓰도록 하자.

발표 내용에 대한 '자신감', 청중에 대한 '사랑'의 마음을 담은 눈빛을 보여주어 청중과 진심으로 연결되는 희열을 맛보게 되기를 희망한다.

1초 만에 자신감 있게 보이는 방법, 스마일

"제가 발표할 때 떨고 있다는 것을 사람들에게 들키고 싶지 않아요."

"너무 긴장되어서 사람들이 그걸 눈치챌까 봐 두려워요."

많은 사람이 발표할 때 떨리는 걸 들키지(?) 않으려면 어떻게 해야 하는지 묻는다. 연습을 통해 자신감을 회복하는 것도 중요하지만, 겉으로 드러나는 전달의 측면에서도 이를 해결할 방법이 있다. 단 1초 만에 자신감 있게 보일 수 있는 방법은 바로 웃는 표정, 스마일이다.

발표 상황에서 미소가 주는 효과는 다음과 같다.

먼저 **청중으로 하여금 발표자가 그 자리를 기쁘게 생각한다고**

여기게 한다. 만일 발표자가 행사장에 와서 발표를 하는데 시작부터 끝까지 심각한 표정으로 시종일관 웃지 않는다면 청중은 발표자가 그 자리를 기쁘게 생각하지 않는다고 생각할 것이다. "질문 있습니까?"라고 묻더라도 겁이 나서 아무도 질문하지 않을 것이다. '집에 우환이 있나?' '오전에 안 좋은 일 생겼나?' 하면서 질문을 하지 않고 건너뛰려고 할 것이다. 하지만 발표자가 활짝 웃으면서 발표한다면 청중은 열린 마음으로 고맙게 생각하면서 더 친근함을 느끼고 유대 관계를 형성하려고 할 것이다.

둘째, **발표자가 훨씬 여유 있어 보인다.** 심적으로 아무리 떨리더라도, 발표하는 사람이 살짝 미소 지으면서 이야기하면 청중은 그 사람이 그 주제에 자신감이 있고 여유가 있다고 보게 된다.

나 역시 스마일 부분을 가르칠 때마다 학생들에게 묻는다.

"나 잘 웃는 편이지?"

"네."

"나 어떻게 보여?"

"편안해 보여요." "친근해 보여요." "자신 있어 보여요."

단 한 명도 나약해 보인다거나 실력 없어 보인다고 말하지 않는다.

그런데 가끔 학생들이나 한국인분들에게서 듣는 질문이 있다. "그래도 전문적인 발표인데, 너무 웃으면 제 전문성이 좀 희석되는 것 아닌가요?" 하는 질문이다. 사안이 심각하거나 부정적인 경우, 긴박한 사안을 제공하는 경우가 아니라면 발표자의 스마일은 문제가 되지 않는다. 발표자가 웃고 있어서 청중이 업신여긴다거나 발표자의 전문성이 떨어진다고 보지 않는다는 게 내 생각이다.

입꼬리가 살짝 올라가는 긍정적인 비주얼을 보여주면, 청중은 '아, 저 사람은 자기가 전하는 내용에 대해서 여유가 있구나. 자신감이 있구나.' 하고 판단하게 된다.

무엇보다도 내가 발표에서 '미소'를 중요하게 생각하는 이유는 **발표자가 미소를 지으면 청중이 미소로 화답하기 때문**이다. 발표자가 미소 짓지 않는다면 청중은 절대로 미소로 화답하지 않는다. 하지만 발표자가 미소를 지으면 청중 가운데 몇몇은 반드시 미소나 긍정적인 끄덕임 등으로 화답할 것이다. 발표자의 미소에 청중도 긍정적으로 반응하고, 그 긍정적인 반응에서 발표자는 다시 자신감을 얻기 때문에 이 상호작용이 발표에 큰 도움이 된다.

이때 고려해야 할 점은 자신이 속한 문화와 자신의 성격에 대해서 충분히 참고해야 한다는 것이다. 나는 '스마일'이 일상적으로 충분히 받아들여지는 미국 문화에 살고 있다. 자연스러운 미소와 농담이 전반적으로 통용되는 상황이 많다. 만일 많이 경직되어 있거나 보수적인 조직에 속해 있다면, 그 허용치를 넘지 않는 한계 내에서 미소를 지어 보이는 연습도 해야 한다.

그리고 **자신의 성격이 허락하는 선에서 미소를 지을 것**을 추천한다. 자신이 일상에서 절대로 웃지 않는 성격이라고 하면, 발표를 하는 상황이라고 굳이 미소 지을 필요는 없다. 억지로 미소 지어 스스로에게도 부자연스럽고 청중도 어색해지는 상황을 만들 필요는 없다. 여기서도 포인트는 '자연스러움'이다. 내 안의 여유와 상대에 대한 배려가 묻어나는 잔잔한 미소를 내내 보여주는 자신감 있는 연사가 되길 바란다.

메시지에 생생함을 더하는
비주얼 6가지

사람들 앞에서 이야기할 때 어떤 자세를 취하는가? 혹시 차렷 자세로 이야기하지는 않은가? 아니면 공손하게 두 손을 모으고 말하고 있지는 않은가? 아마 깊이 생각해본 적이 없을 것이다. 수업을 듣는 학생들의 경우를 보면 보통 차렷 자세로 딱딱하게 혹은 두 손을 모으고 공손하게 발표하는 경우가 많다.

그런 발표는 청중에게 지루하게 느껴지는 단점이 있다. "백 번 듣는 것보다 한 번 보는 게 더 낫다."라는 말이 있는데, 실제 우리의 이해도와 기억 정보는 비주얼로 이루어져 있다. 전자제품을 사용할 때 긴 글로 된 매뉴얼을 읽는 것보다 관련된 사진이나 영상을 보고 사용법을 익히는 게 더 쉽고, 요리 역시 요리책을 읽고 따라 하는 것보다 유튜브나 사진으로 레시피를 접하면 훨씬 이해하기가 쉽다. 발표도 마찬가지다. 제스처와 같은 비주얼 요소는 청중의 이해와 기억을 만드는 데 중요한 역할을 한다. 적절한 타이밍에 효과적인 손동작만 해줘도 우리의 메시지가 훨씬 효과적으로 다가갈 것이다.

손동작과 움직임은 발표에 에너지를 불어넣어주고, 핵심 내용을 강조할 수 있으며, 청중의 이해를 돕는다는 면에서 중요하다. 그렇다면 어떤 제스처를 취해야 할까.

가장 기본적으로 알아야 할 것은 손동작이다. 요점은 청중이 많을수록 큰 손동작을 취하는 것이다. 옷의 사이즈처럼 스몰(S), 미디엄(M), 라지(L), 엑스트라 라지(XL) 사이즈로 손동작을 기억하면 된다.

- **스몰(S):** 손가락 위주로 움직이는 손동작, 일대일 대화 혹은 온라인 발표 등
- **미디엄(M):** 손목을 기준으로 움직이는 손동작(10~30명의 소규모 강연)
- **라지(L):** 팔꿈치를 기준으로 움직이는 손동작(30~50명 규모의 강연)
- **엑스트라 라지(XL):** 어깨 전체를 움직여 앞뒤, 위아래로 움직이는 손동작(50명 이상의 대중 강연)

자연스러움이 중요하므로, 제스처가 필요하지 않을 때는 손을 자연스럽게 몸의 양옆으로 떨어뜨려준다(불필요하게 계속 손동작을 할 필요는 없다). 또한 팔짱은 지양해야 한다. 간혹 자신감(혹은 권위)을 표현하기 위해 팔짱을 끼는 경우가 있는데, 팔짱은 발표자와 청중 사이에 보이지 않는 벽을 만든다. 방어적이고 뭔가 숨기는 듯한 인상을 주며 설득력이 떨어지고 프로페셔널해 보이지 않는다. 그렇다면 어떤 제스처를 취하면 좋을까.

- **오픈 핸드(손바닥 보이기)**

손은 자연스럽게 열고, 손바닥을 청중에게 보이면서 말하는 방법이다. 손바닥을 펼쳐 보이는 제스처는 **청중과 신뢰와 유대감을 형성**하는 데 도움이 된다. 숨길 것이 없는 사람이라는 인상을 심어주기 때문이다. 때로 주먹을 쥐거나 다른 동작을 할

수 있지만, 상당 부분은 청중이 손바닥을 보도록 하는 게 좋다. 청중과 자연스럽게 호흡하기로 유명한 대표적인 달변가 오프라 윈프리가 오픈 핸드 제스처를 자주 사용한다.

• **손바닥 내리기**

손바닥을 내리는 제스처는 강력한 메시지를 전달하거나 자신의 입장을 분명히 할 때 효과적으로 사용할 수 있는 비언어적 소통 도구다. 이 동작은 강함, 권위, 확신을 나타내며, 말을 하지 않아도 의도를 명확히 전달하는 데 도움을 준다. 특히 청중이 지나치게 흥분하거나 소란스러울 때, 이 제스처는 분위기를 진정시키고 주의를 집중시키는 역할을 한다.

버락 오바마는 연설 중 손바닥을 아래로 내리는 제스처를 자주 사용했다. 환호하는 청중을 진정시키거나 감정을 조율하려는 상황에서 이 동작을 활용하며, 청중의 집중력을 높이고 안

정감을 전달했다. 손바닥을 내리는 제스처는 단순한 동작이 아니라, 감정과 메시지를 효과적으로 강화하는 도구로 작용한다.

• **클린턴 상자**

   클린턴이 젊은 정치인이던 시절, 대중 연설을 하고 나면 청중에게 그다지 긍정적인 평가를 받지 못한 시기가 있었다고 한다. 오히려 정치인으로서 이미지가 진지하지 않고 약간 과장되었다는 평가를 받았다고 한다. 스피치 전문가를 통해 분석한 결과, 바로 손동작이 너무 커서 사람들이 과장되게 느꼈다고 한다. 그 이후에 고안해낸 것이 바로 '클린턴 상자 The Clinton Box'라는 제스처이다. '클린턴 상자' 방법으로 인해 클린턴은 과장된 이미지에서 탈피하여 신뢰가 가고 믿을 만하며 패기 있는 정치인의 이미지로 거듭났다고 한다. 그때부터 이 제스처를 클린턴 박스라고 부른다. **몸 앞에 배꼽 위부터 목 아래까지 높이인**

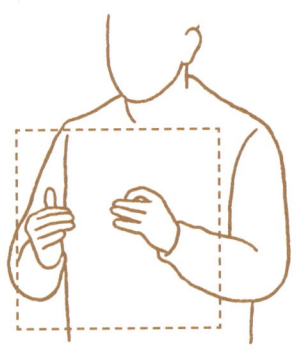

작은 상자가 있다고 생각하고 그 박스 안에서만 손동작을 취하는 것으로, 어느 정도 절제 있어 보이는 손동작을 하고 싶을 때 사용하면 효과적이다.

• **홀딩 볼**

농구공을 두 손으로 잡고 있는 것과 같은 동작은 **권위와 자신감을 표현하는 데 효과적**으로 사용되는 제스처다. 이 동작은 마치 손으로 무언가 중요한 것을 실제로 들고 있는 것처럼 보이게 하면서, 말하는 사람이 자신의 메시지나 아이디어를 '구체적이고 명확한 형태'로 청중에게 전달하고 있다는 인상을 준다. 이 제스처는 특히 공식적인 발표나 중요한 이야기를 할 때, 청중의 주의를 끌고 자신의 신뢰성을 높이는 데 유용하다. 두 손으로 무언가를 잡고 있는 듯한 자세는 자연스럽게 사람들에게 '이 사람은 통제력을 가지고 있고 자신감에 차 있다.'는 이미

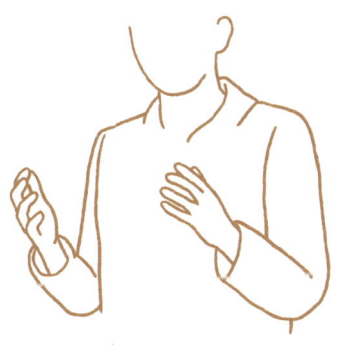

지를 준다.

스티브 잡스는 이러한 '홀딩 볼' 제스처를 즐겨 사용한 대표적인 인물이다. 그는 애플의 신제품 오프닝 프레젠테이션과 대학 졸업식 연설에서 자신의 말과 몸짓을 조화롭게 사용하며 전 세계적으로 유명한 달변가로 자리 잡았다. 특히 잡스는 자신의 아이디어와 제품이 얼마나 혁신적이고 특별한지를 강조할 때, 손을 들어 마치 공을 잡고 있는 듯한 동작을 취하며 청중의 시선을 사로잡았다. 인터뷰에서도 그는 종종 이 제스처를 사용해 자신이 말하고 있는 개념이 마치 실체를 가진 것처럼 느껴지도록 표현했다.

- **피라미드 자세**

두 손을 살짝 모으는 제스처는 **안정감과 편안함을 전달하며, 긴장감을 줄이고 신뢰를 형성하는 데 효과적**이다. 서서 하는 발표

보다는 앉아서 진행되는 인터뷰나 대화에서 유용하며, 과한 움직임 없이 자연스러운 태도를 유지할 수 있다. 단, 손을 내내 고정하지 않고 대화의 흐름에 따라 약간의 움직임을 가미하는 것이 중요하다. 이 동작은 특히 면접이나 공식적인 자리에서 자신감을 표현하면서도 차분한 이미지를 전달하는 데 적합하다.

• 와이드 스탠스

발표할 때 다리를 지나치게 모으고 서 있는 것보다는 어깨너비로 벌려서 안정적인 자세를 취하는 것이 중요하다. 다리를 어깨너비로 벌리면 **신체의 중심이 잘 잡히고, 자신감 있는 모습을 연출**할 수 있다. 이런 자세는 보기에 좋을 뿐만 아니라, 발언자의 목소리와 제스처에 안정감을 더해준다. 지나치게 다리를 모으고 있으면 불안정해 보일 수 있고, 반대로 너무 넓게 벌리면 부자연스러운 인상을 줄 수 있기 때문에 적절한 간격을 유지하는 것이 핵심이다.

이때 몸의 무게가 한쪽으로 치우치지 않도록 균형을 유지하는 것이 중요하다. 몸의 무게를 한쪽 다리에

만 실으면 편안해 보일 수는 있지만, 자칫하면 태도가 느슨하거나 자신감이 부족하다는 인상을 줄 수 있다. 이를 방지하려면 두 발에 고르게 체중을 분산시키고, 몸의 중심을 유지하려고 노력해야 한다.

마지막으로, 당당하고 신뢰감 있어 보이는 자세, 움직임 movement에 대해서 알아보자. 의미 없이 계속 움직이는 것은 오히려 청중에게 방해가 될 수 있기 때문에, 말하는 중간에 계속해서 움직이는 것은 피해야 한다. 한 주제에서 다음 주제로 넘어갈 때 움직이는 것이 좋으며, 최대 세 발자국 정도만 움직이고 멈추도록 한다. 이때 아이콘택트를 자신이 나아가는 발의 방향과 같게 하는 게 좋다.

불필요하게 몸을 좌우로 흔들지 않도록 해야 한다. 이러한 반복적인 움직임은 청중의 시선을 분산시키고, 발언자가 긴장하거나 자신이 없는 것처럼 보이게 할 수 있기 때문이다. 두 다리가 단단히 뿌리내린다 생각하고 서 있도록 한다.

단상이 마련되어 있는 경우, 그 뒤에 내내 서서 말하는 건 피하자. 단상 자체가 발표자와 청중 사이에 보이지 않는 벽으로 작용하기 때문이다. **단상에서 벗어나 포인터를 사용하는 게 좋다.**

파워포인트 등의 발표 자료가 있을 때 가급적 청중에게 등을 보이지 않도록 한다. 내용을 숙지한 상태에서 내용을 빨리 확인하고 바로 청중과 상호작용하는 것에 더 신경을 써야 한다.

효과적인 비주얼을 만들기 위해 연습 단계에서 내가 가장 추천하는 방법은 **발표 리허설을 녹화해 그 영상을 음소거한 채로 다시 보는 것**이다. 그렇게 하면 자신의 비주얼적인 요소만을 객관적으로 바라볼 수 있다. 이후 거울 앞에서, 혹은 친구나 가족, 동료들 앞에서 최종 리허설을 하면서 제스처를 하는 것이 스스로 자연스럽고 편안하게 느껴질 때까지 연습한다.

6

성공적인 말하기를 결정하는 실전 준비와 마인드셋

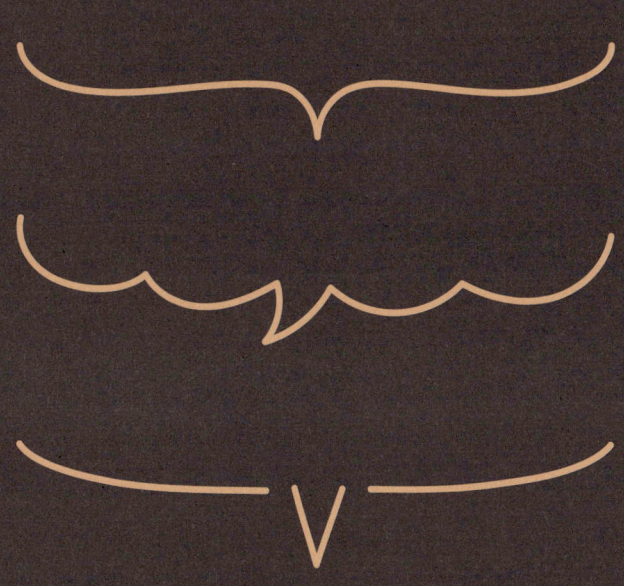

청중의 질문에
현명하게 대답하는 전략

나는 로체스터대학교에서 박사과정 학생들의 잡마켓 발표와 학회 발표academic presentation도 함께 가르친다. 공부도 정말 많이 하고 똑똑한 친구들이지만 발표는 부담되고 긴장된다고 한다. 뭐가 가장 힘드냐고 물어보면 거의 80%가 질의 응답이라고 말한다. 왜 그러냐고 물었더니 발표 내용 자체는 스스로 연습을 통해 어느 정도 익숙해질 수 있지만 청중의 질문은 자신이 제어할 수 없기 때문에 예상치 못한 방향으로 나갈까 봐 긴장된다고 했다.

나는 이 '질의 응답' 시간이 자신의 진가를 보여줄 수 있는 절호의 기회라고 생각한다. 그야말로 '날것'의 내가 드러날 확률이 높기 때문이다. 질의 응답도 전략적으로 준비하면 충분히 당황하지 않고 여유 있는 모습을 보여줄 수 있다. 이 챕터에서는 바로 그 방법을 다루려고 한다.

발표에서 질의 응답을 준비할 때는 3가지 사항을 고려해야 한다.

1. 언제 질문을 받을지 결정할 것

보통 질문이 갑자기 훅 들어오면 발표자가 당황하는데, 이런 상황은 충분히 자신이 컨트롤할 수 있는 부분이다. 자신이 결정을 하고, 발표를 시작할 때 둘 중 하나로 이야기한다.

"발표 중에 궁금하신 내용이 있으면 언제든 질문해주세요."

"궁금하신 내용이 있으면 발표가 끝나고 질문해주세요. 발표를 마치고 질의 응답하는 시간을 갖겠습니다."

물론 각각 장단점이 있다.

전자의 장점은 그때그때 질문할 수 있기에 청중이 더 집중하면서 발표를 듣게 된다는 것이다. 하지만 발표자가 예상치 못한 질문이 많아지면, 자신이 준비한 내용을 제시간에 전달하지 못하고 시간에 쫓기는 상황을 야기할 수 있다. 바로 이 이유로 학생들이 질문을 그때그때 받는(자신이 컨트롤하지 못하는) 상황에 두려움이 있다.

후자의 장점은 발표자가 시간을 컨트롤할 수 있다는 점이며, 단점은 청중이 중간중간 질문을 못 한 채 가지고만 있다가 발표에 흥미를 잃을 확률이 높아진다는 점이다.

정답이 있는 것은 아니나, 미국 비즈니스 커뮤니케이션 관점에서는 **청중을 배려하는 것이 더 중요하기 때문에 그때그때 질문을 받고 바로 해소하도록 추천**하고 있다.

불필요한 질문이 늘어지면 "죄송합니다만, 시간상 이 질문은 제 발표가 모두 끝나고 따로 대답해드려도 될까요?"라고 말하면 간단하게 해결된다.

2. 질문에 응답할 때 고려할 사항

예상 질문 미리 준비하기

사실 청중의 질문은 준비한 발표 내용에서 나올 확률이 가장 높다. 따라서 자신의 발표를 찬찬히 살펴보면서 과연 어떤 질문이 나올 수 있는지 미리 파악할 수 있다. 주변에 해당 주제에 대해서 어느 정도 알고 있는 동료가 있다면 자신의 발표를 들어보게 하고 실제로 질문을 해보라고 하면 도움이 된다.

반드시 끝까지 들을 것

주로 학생들의 팀 발표를 듣다 보면 안타까운 상황을 목격하는 경우가 있다. 청중이 질문을 할 때 발표자 중 한 명이 질문자의 말을 중간에 끊어버리고 "아, 그 부분 제가 알고 있습니다. 그

건 바로…" 하면서 대답해버리는 경우이다. 이러면 질문을 하던 청중은 머쓱하고 무안해진다. 당연히 존중받았다는 느낌이 들지 않게 된다. 설령 자신이 예상했던 질문이라 하더라도 진지하게 끝까지 듣고 나서 "질문 주셔서 감사합니다."라고 인사하면서 답해야 프로다워 보인다.

질문을 재언급할 것

강연장이 클 경우 질문자가 마이크를 가지고 있지 않다면 뒤쪽에 있는 사람들에게는 해당 질문이 잘 들리지 않는 경우가 있다. 또 대부분의 청중은 발표자가 아닌 다른 청중의 이야기를 크게 신경 쓰지 않는다. 이때 발표자가 방금 들었던 질문을 다시 한번 언급해주면 해당 질문자와의 일대일 대화가 아닌 청중 전체를 포함하는 대화로 이어질 수 있다.

사실 잊지 말아야 할 가장 중요한 사항은 질문을 감사하게 생각해야 한다는 것이다. 청중이 생각하기에 발표 내용이 별로거나 관심이 없으면 질문도 하지 않기 때문이다. 자신의 발표가 그만큼 흥미로웠다는 방증이므로 두려워하거나 지나치게 긴장하지 말고, 오히려 환영해야 한다.

3. 모르는 질문이 나올 때 어떻게 할지 대비할 것

면접 상황에서도 비슷한데, 발표에서 최악의 경우는 자기도 모르는데 대충 아는 척하고 이야기하는 것이다. 질문을 잘 이해하지 못해놓고서 적당히 자기가 준비한 대로 대답하다가 오히려 대답을 망치는 경우를 많이 보았다.

잘 모른다고 말해도 된다

모르는 것을 모른다고 하는 것이 오히려 더 당당해 보인다. 지어내서 억지로 말하다가 더 잘 아는 누군가에게 들켜서 발표자로서의 신뢰도를 떨어뜨리는 것보다 차라리 낫다.

예상 출처를 제안해볼 것

"그 자료에서 캐나다의 시장 점유율은 어떻게 되죠?"라는 질문이 나왔을 때, 정확한 수치를 모르더라도 그 내용이 어디에 있는지는 이야기할 수 있다. 그렇다면 그냥 모른다고 말하는 것보다 "구체적인 숫자는 지금 생각나지 않지만, ○○ 보고서 2024년 자료에 있는 것으로 알고 있습니다. 제가 오늘 밤까지 이메일로 회신드려도 될까요?"라고 말하면서 재확인까지 약속하면 훨씬 프로다워 보인다.

질문자 혹은 청중에게 다시 질문해볼 것

경우에 따라 다르겠지만, 인터뷰 같은 상황이 아니라면 무조건 자신이 대답해야 한다고 생각하지 않아도 된다. 종종 청중 가운데 발표자보다 해당 분야에 관한 경험과 지식이 더 많은 분들이 있을 수 있다. "저는 미처 이 부분에 대해 고민해보지 못했는데요. 혹시 여기 계신 분들 가운데 방금 나온 질문에 답해주실 분이 계실까요?" 이렇게 하면 청중 가운데 한 명이 수줍게(하지만 뿌듯하게) 손을 들 것이다.

4. 어려운 질문에 대비할 것

학생들의 이야기를 듣다 보면 면접 상황에서 일부러 난처한 질문을 하는 면접관이 있다고 한다. 아마도 지원자를 **당황하게 만들어서 어떻게 대처하는지 살피려는 의도**에서라고 생각한다. 발표에서도 아주 가끔 청중이 공격적인 질문을 해서 발표자를 일부러 곤란하게 만드는 경우가 있다.

내가 미국에서 박사 학위 과정에 있을 때 일이다. 학과에서 신임 교수를 채용하기 위해 강의 면접을 했다. 한 지원자가 프레젠테이션을 했는데, 당시 우리 학과에 있었던 한 교수가 정색하면서 자신은 그렇게 생각하지 않는데 왜 그런 주장을 했냐는 식으로 약간은 짓궂게 질문을 던졌다. 그 교수는 이미 해당 분야에 있는 학자이기에 답을 이미 알고 있을 텐데 굳이 지원자를 떠보려는 느낌이 들었다. 여기서 지원자는 잠시 당황했지만, 곧 평정심을 찾고 미소를 지으며 "이 부분에 대해서 당신은 어떤 견해를 가지고 있는지 궁금합니다. 말해주실 수 있을까요?"라고 다시 질문했다. 그 지원자는 해당 교수가 질문한 의도를 순간적으로 간파한 것이다. 그 교수는 당황하면서 자기가 알고 있는 바를 이야기했고, 그 후에 한동안 다른 동료 교수들의 따가운 눈초리를 감당해야 했다. 그 위트 있는 지원자는 당당하게 학과 신임 교수로 합격했고, 불순한 의도로 질문했던 교수는 수년 후 다른 학교로 옮기게 되었다.

질문 가운데는 실제로는 질문이 아닌 경우도 있다. 보통 나이가 지긋한 분들의 질문이 이런 경우가 많은데, 이는 속으로 **자신의 의견을 피력하고 싶어서일 확률이 높다.** 그럴 때는 오히려 그 사람의 의견을 물어보면서 감사를 표현하는 것이 서로가 좋은 윈-윈 상황이 된다.

공격처럼 느껴지는 난감한 질문들은 너무 민감하게 받아들이지 않도록 하는 것이 최선의 방법이다. '나한테만 이렇게 질문하는게 아니라 다른 사람들에게도 이렇게 하겠지.'라고 생각하면서 안타까운 마음을 가지고 최대한 친절하게 대응하는 것이 좋다.

발표 울렁증,
불안에서 벗어나는 방법

친구들과는 스스럼없이 이야기를 잘하면서도 사람들 앞에서 혹은 부서에서 혼자 발표를 하라고 하면 갑자기 말문이 막히거나 머릿속이 하얘진 경험이 있는가. 소위 발표 울렁증이라고도 하는데, 내가 가르치는 학생들도 10명 중 9명이 발표가 무척 긴장되고 떨린다고 말한다. 학기 초에는 대부분의 학생이 발표 울렁증, 불안과 긴장감으로 상담을 신청하곤 한다. 물론 여러 사람 앞에서 말하는 게 긴장되고 떨리는 건 당연하다. 나 역시 10년 이상 강단에 서고 있지만 여전히 수업을 시작하기 전에는 심장이 뛴다. 떨린다는 것은 당연한 몸의 반응이므로 그 자체가 부정적인 건 아니다. 하지만 이게 지나쳐 큰 스트레스가 되고 머릿속이 하얘진다면 원인을 파악하고 극복할 필요가 있다. 발표가 떨리는 이유와 그 대처 방법을 알아보자.

첫 번째는 **발표 내용에 대한 이해가 부족할 때**다. 전달해야 하는 내용에 관한 이해가 부족하기 때문에 자신감이 떨어져 떨리는 것이다. 한편 잘 알지 못함에도 어려운 용어를 쓰거나 어려운 내용을 인용했을 때는 자신도 모르게 긴장하게 된다. 스스로 충분히 이해하지 못했기 때문이다. 내용을 작성할 때 불필요하게 어려운 용어를 쓰지 말고, 충분히 공부하고 숙지한 상황에서 발표하면 자연히 덜 긴장하게 된다.

두 번째는 **연습을 충분히 하지 못했을 경우**다. 내가 아는 것과, 아는 것을 타인에게 전달하는 것은 비슷해 보여도 큰 차이가 있다. 단상에 올라 파워포인트에 있는 내용을 줄줄 읽는 사람들을 꽤 보았을 것이다. 특히 학회나 컨퍼런스에서는 이런 발표자들이 꽤 많다. 내용은 충분히 알고 있지만 그것을 전달하는 연습이 부족한 경우다. 이것은 연습을 통해 자연스럽게 고칠 수 있다. 처음부터 끝까지 외우는 것이 아니라, 각 슬라이드의 핵심 내용이 무엇인지 핵심 단어 혹은 핵심 구 위주로 머릿속에 정리하고, 대본을 읽지 않고 확실히 말할 수 있어야 한다.

또 실전과 같이 연습해야 한다. 혼자 방에서 중얼거리면서 하는 연습 말고, 앞에 나가서 하는 것과 같이 서서(줌으로 발표한다면 실제로 줌을 켜고), 실제 본인이 말할 음량으로 처음부터 끝까지 리허설해보는 것이다. 가장 이상적인 상황은 **믿을 만한 가족이나 친구 몇 명을 앞에 두고 리허설 하는 것**이다. 보통 거울 앞에 서거나, 휴대폰 카메라만 앞에 두고 찍으며 연습하는데, 물론 이것도 아주 좋은 방법이긴 하지만 적절한 스트레스가 동반되는 환경이어야 실제 발표 상황에 가까워진다. 그러고 나서 가족이나 친구에게 솔직한 피드백을 받도록 하자.

마지막으로, **사람들이 자기를 어떻게 바라볼지에 대한 두려움**이다. 아마도 발표 울렁증의 가장 흔한 이유일 것이다. 인간은 사회적인 동물이니 남이 자신을 어떻게 생각할까를 염려하는 건 자연스러운 감정이다. 과거의 나 또한 내 수업 시간에 노트북만 들여다보거나 딴짓하는 학생을 보면 '내용이 지루한가? 내 영어 발음이 귀에 잘 안 들어오나?' 하면서 신경이 쓰였다. 그럴 때 나와 눈을 맞추고 수업을 열심히 듣는 학생들에게 집중했다. 그러면 신기하게도 두려움과 같은 부정적인 마음이 사라졌다. 눈을 빛내며 듣는 학생들에게 집중하니 사랑과 감사의 마음이 더 커져서 불안과 두려움 같은 부정적인 에너지를 자연스럽게 밀어낸 것이다.

발표만 하면 머릿속이 하얘지고 불안한 경우라면, 나의 경우처럼 내 앞의 청중에 집중하는 방법을 추천한다. 고개를 끄덕이며 열심히 듣는 몇몇 청중과 눈을 맞추면 심리적으로 의지가 되고 발표에 더 집중할 수 있다.

발표의 목적은 무엇인가. 사람들에게 도움이 되기 위함 아닌가. 내 발표를 듣기 위해 자리에 찾아와준 청중이 고맙고, 그 귀한 시간과 걸음에 보답하고 싶은 마음이 생기지 않는가. 남이 나를 어떻게 볼까 하는 생각은 멈추고, 청중을 진심으로 돕고 싶다는 마음, 청중과 '연결'되려는 마음에 집중하면 불안과 긴장을 덜 수 있을 것이다.

절대 외우려고
하지 마라

나에게 스피치나 발표 상담을 요청하는 사람 중 다수가 스피치 준비 중 스트레스를 크게 받는다고 토로한다. 스트레스의 원인을 물으면 원고를 외워야 하는 부담이 크다는 답변이 돌아온다.

이런 분들에게 내가 가장 강조하는 것은 '절대 외우지 말라.'라는 것이다. 왜 외우지 말아야 할까. 더 효과적으로 원고 내용을 기억하고 말할 방법이 있기 때문이다.

언젠가 주요 공직에 있는 한 분이 내게 도움을 요청했다. 신년 인사 이동으로 기관장이 되어 다양한 상황에서 스피치할 일이 생겼는데 경험이 별로 없어 걱정이라고 했다. 특히 신년 업무를 시작하면서 2백~3백 명 앞에서 시무식 연설을 해야 하는데, 그 연설에 대해 제대로 도움을 받고 싶어 했다. 그래서 특별히 스크립트를 봐드리고 일대일 코칭도 해드렸다. 그때 내가 그분에게 특별히 주문한 것이 대본을 통째로 외우지 말고 적절하게 연습하되 인덱스 카드에 '키워드'로 정리해 들고 가시라는 거였다. 대본을 통째로 외우면 핵심 내용뿐만 아니라 덜 중요한 내용들(조사 등)까지 다 외우려고 하기 때문에 마음에 부담이 된다. 더 문제는 보통의 사람은 자신이 외운 내용을 이야기할 때 목소리 톤이 로봇처럼 일정해진다. 또 외운 내용을 상기하기 위해 시선도 청중이 아닌 벽이나 바닥, 천장으로 향해 표정 전체가 부자연스러워진다. 그렇기 때문에 원고를 외우려고 하면 자연스러운 스피치를 할 수 없다.

핵심은 키워드로 내용의 흐름을 통째로 기억하는 것이다. 처음에는 말하기 구조를 토대로, 이후 내용은 단어나 문장을 입에 익혀 내용에 익숙해지면서 점차 줄글에서 핵심 키워드만 남기고 다른 내용들은 지워버려야 한다. 그리고 핵심 키워드만 인덱스 카드에 옮겨서 그것을 토대로 발화나 비언어적 표현 등 전달과 관련된 연습을 해야 한다.

이렇게 키워드를 중심으로 연습하면 조사 등 부수적인 표현들은 자꾸 바꿔가며 말하게 된다. 그렇게 바꾸는 표현들을 자연스럽게 받아들이면서 연습해야 한다. 핵심 키워드는 그대로 있고 부수적인 표현을 바꾸는 것이기에 말하는 데도 부담이 없고, 오히려 청중에게 자연스럽게 들릴 것이다. 그리고 마지막 1, 2번 정도는 믿을 만한 동료나 지인 2~3명 정도를 앞에 두고 실제와 비슷하게 발표 리허설을 해본다.

이렇게만 연습을 해두면 실전에서 그렇게 많이 떨지 않고 담담하고 자신 있게 발표할 수 있다. 이 방법을 추천해드린 기관장에게 다시 연락이 온 것은 약 보름이 지난 후였다.

"15분간의 발표, 이제 막 잘 끝냈습니다! 정말 신선한 경험이었습니다. 감사합니다. 멘토 교수님."

청중의 반응이 어땠는지 묻자 이런 답변을 주셨다.

"원래 저는 토씨 하나라도 틀리면 말이 안 나오는 타입이라 발표를 카드로만 정리하는 게 쉽지 않았습니다. 카드만 들고 나와서 말하는 발표 방식을 처음 해봤는데, 형식은 물론 내용도 새로워 좋은 반응으로 이어졌습니다. 처음에는 앞에 앉은 사람들의 눈빛에서 걱정이 읽혔는데, 나중에는 공감하는 눈빛들로 바뀌었습니다. 발표 후 한 분이 오셔서 스티브 잡스 같았다고 말하면서, 앞으로도 이렇게 해달라고 하시더군요. 발표를 앞두고 실제 발표장에서 했던 리허설이 특히 도움이 됐습니다. 직원 몇 명 앞에서 연습하며 피드백을 받았는데, 그게 주효

했습니다. 과거 제가 발표에 실패했던 이유가 바로 사전 준비와 연습 부족 때문이란 것을 깨달았습니다."

나는 그분께 이런 긍정 경험을 3~4번만 더 쌓으면 그다음부터는 발표 준비에 부담도 훨씬 덜할 것이고, 여러 사람 앞에서 말하기를 즐기게 될 거라고 조언했다.

이렇게 키워드로 스피치를 연습하는 법을 몸으로 터득하게 되면 누구나 성공적인 발표는 물론 긍정적인 발표 경험을 쌓을 수 있다.

발표를 성공으로 이끄는
8단계 전략

여기에서는 13년간의 스피치 교수 경력을 바탕으로, 프레젠테이션을 무조건 성공으로 이끄는 8단계 준비 전략을 공유하려 한다. 이 가이드를 따르면, 떨리는 마음을 가라앉히고 자신만만하게, 심지어 완벽하게 프레젠테이션을 진행할 수 있을 것이라 확신한다.

1단계: 목표 설정과 예상 청중 분석

첫 단계에서는 프레젠테이션의 목표를 명확히 설정한다. 사람들에게 정보를 전달하는 것이 목표인지, 태도나 행동을 바꾸도록 설득하는 것이 목표인지 정하는 것이 중요하다.

목표 설정이 중요한 이유는 목표에 따라 발표자로서 강조해야 하는 포인트가 달라지기 때문이다. 정보 전달이 목표라면 자신이 발표자로서 그 주제를 말하는 게 얼마나 합당한지 자격 조건을 미리 언급할 수 있고, 정보의 신뢰도를 보장할 수 있도록 정보의 질을 강조할 수 있다. 이에 반해 태도나 행동 변화에 관해 설득하는 것에 포커스를 둔다면 감정에 호소할 수 있는 단어나 시각적 자료를 더 신중하게 선택하여 주장을 뒷받침하는 예시에 중점을 둘 것이다.

목표를 설정할 때 중요한 한 가지 팁은 **청중이 누구인지, 관심사가 무엇인지 미리 파악**하라는 것이다. 주제나 목표 역시 청중의 관심사에 맞아야 한다.

2단계: 핵심 메시지 결정

두 번째 단계에서는 발표의 핵심 메시지를 결정해야 한다. 발표의 중심이 될 이 핵심 메시지를 먼저 정하고 나서 세부 내용을 차차 추가하여 발전시켜야 한다. 보통 사람들은 발표 준비를 할 때 세부 내용부터 주욱 적다가, 그 내용이 모이는 대로 정리하면서 핵심 메시지를 나중에 도출하려는 경향이 있다. 그러나 자신이 알고 있는 지식과 관점을 바탕으로 **발표의 핵심 메시지를 미리 정하고, 세부 내용을 찬찬히 구성**해나기는 것이 삼천포로 빠지지 않고 자신이 생각했던 방향으로 갈 수 있는 전략이다.

예를 들어 '환경보호'에 대한 설득적 스피치를 한다면 '환경보호는 우리 모두의 책임'이라는 핵심 메시지를 선정하고, '문제 제기-원인-해결 방안'이라는 소주제를 짜고 '현재의 심각한 환경문제 상황-환경문제를 야기하는 주된 원인-개인과 정부의 역할'과 같이 세부 내용에 살을 붙여서 내용을 전개하면 큰 틀에서 방향을 잃지 않고, 내용도 논리적이고 탄탄해진다.

소주제	세부 내용
문제 제기	현재의 심각한 환경문제 상황
원인	환경문제를 야기하는 주된 원인
해결 방안	개인과 정부의 역할

3단계: 세부 자료 수집

세 번째 단계에서는 신뢰성 있는 자료를 수집해야 한다. 여기서는 **신뢰할 만한 출처에서 얻은 통계, 인용구, 사례 등을 활용하여 발표 내용을 뒷받침**하는데, 특히 통계나 숫자와 관련된 내용일 경우 가능하면 최신 자료를 찾아야 하고, 신뢰할 만한 출처를 확보하는 것이 중요하다. 이때 뒷받침하는 모든 내용이 반드시 객관적인 정보일 필요는 없다. 동기부여나 설득의 메시지를 주는 발표라면 발표자의 개인적인 경험을 제시하는 것도 사람들의 공감을 이끌어내는 좋은 뒷받침 내용이 될 수 있다. 〈세바시〉나 〈테드〉 강연을 보더라도 강연자가 자신의 사례로 뒷받침하여 청중에게 큰 몰입감과 연결감을 주어 내용을 잘 이해시키는 경우를 볼 수 있다.

4단계: 구조 설계

네 번째 단계에서는 수집한 자료를 바탕으로 발표의 구조를 설계한다. 이는 서론, 본론, 결론 3부분으로 나누어 글을 발전시키는 것을 말하며, 각 부분이 어떤 내용으로 이루어져야 하는지를 계획한다.

이때 **본론은 3가지 포인트로 정리**하는 것을 추천한다. 본론의 핵심 내용이 3가지 이상이면 내용이 장황해져서 청중이 기억하기 어려워지고, 그보다 적으면 자칫 청중이 내용이 부실하다고 생각할 확률이 크다.

그리고 이 단계에서는 내용을 준비하면서 스스로가 "와, 이건 정말 신선하다! 새롭다!" 하는 내용이 있을 때 따로 챙겨두었다가 서론, 특히 오프닝에서 청중을 사로잡을 때나 결론에서 청중에게 의미 있는 한 문장을 제시하며 마무리할 때 활용할 수 있다.

5단계: 개요를 바탕으로 연습 시작

사실 4단계까지 마쳤다면 어느 정도 준비가 끝난 것이나 마찬가지다. 지금부터 제안하는 것은 보통의 스피치와 다른 한끗 차이가 있는 스피치를 하고 싶을 때 적용할 수 있는 전략들이니 참고하길 바란다.

이제 준비한 내용을 큰소리로 읽어보자. 자연스럽게 읽으면서 수정할 부분을 찾아본다. 뒷받침 내용이 너무 길어진다면 덜 중요한 부분을 걷어내고, 살짝 빈약한 부분은 더 조사하고 채워 넣어서 **전체적인 내용상의 밸런스**를 중점적으로 확인한다.

예정된 발표 날짜가 3~4일 정도 남았다면 개요를 완성한 상태에서 연습을 시작하자. 이때 **키워드나 핵심 구를 바탕으로 연습**해야 하는데, 거듭 강조했듯이 한 문장 한 문장씩 대본을 외우는 것은 결코 좋은 방법이 아니다. 외우면 외운 것 자체가 부담으로 작용하기 때문에 실제 상황이 되었을 때 더 떨리고, 당황해서 잊어버렸을 때 오히려 더 패닉에 빠지는 상황이 생긴다. 하지만 키워드 위주로 연습하면 크게 외워야 하는 부담감에서도 벗어나고 스피치 구조에 따라 기억하기도 쉽기 때문에, 어느 정도 세부 내용의 디테일(워딩)이 조금씩 달라지더라도 큰 틀에서는 전해야 하는 모든 내용을 순조롭게 전할 수 있다는 장점이 있다.

또한 5장에서 언급했듯 문장을 달달 외워서 말하면 아무래도 톤도 단조로워지고, 로봇같이 하나의 톤으로 읽는 느낌이 생기기 쉬운데, 키워드 위주로 전달한다면 훨씬 자연스러운 어조나 표정, 제스처로 말할 수 있기 때문에 발표자도 청중도 좋은 윈-윈이 된다.

6단계: 스크립트 수정

여섯 번째 단계에서는 연습하면서 동시에 스크립트를 수정한다. 예를 들어 어떤 부분에서 설명이 부족하다고 느껴지면 추가 설명이나 예시를 더 넣을 수 있다. 소리내서 읽다 보면 자신의 귀에도 살짝 어색하게 들리는 부분이 있기 마련이다. 이때 즉석에서 그 부분을 표시해서 단어를 수정하거나 예시나 설명을 더 채워 넣으면 된다. 호흡이 길게 느껴지는 만연체 문장일 경우는 불필요한 내용을 삭제하거나 문장을 끊어서 짧고 간결하게 만들 수 있다. 수정에 수정을 거듭할수록 내용은 더 명확해지고, 구조 역시 더욱 분명하게 된다는 것을 느끼게 될 것이다. 이 단계에서 하는 노력이 좋은 발표를 만드는 데 가장 중요하다.

7단계: 서서 연습하기

이제 발표를 이틀 정도 앞둔 상황이라면 **실제 발표 환경과 유**

사하게 서서 연습하는 것이 중요하다. 발표할 때 사용할 슬라이드가 있다면 이때부터 적극적으로 함께 사용해보며 연습하는 것이 좋다. 이 단계에서는 휴대폰의 타이머 기능도 적극적으로 활용하면서, 자신이 발표의 각 단계에 얼마나 시간을 할애하고 있는지도 체크해야 한다. 키워드만 쓴 노트를 준비해서 필요할 때 살짝 참고하고, 직접 인용할 경우만 문장을 통째로 써서 참고할 수 있도록 한다.

이 단계에서는 최대한 실전과 비슷하게 일어서서 제스처까지 써가면서 처음부터 끝까지 여러 번 연습한다. 개인적으로 추천하는 것은 **10분 미만의 발표일 경우, 처음부터 끝까지 20번 연습**하는 것이다. 이때 무작정 20번을 연습하는 것이 아니다. 분명한 목적을 가지고 단계별로 연습을 해야 한다. 처음 **10번은 '내용'과 '구조'를 집중적으로 생각**하면서 처음부터 끝까지 발표 흐름대로 키워드를 떠올리면서 말한다. 그 과정에서 발표자는 내용을 외우는 것이 아니라, 내용의 흐름을 자신에게 익숙하게 만들어야 한다. 그렇게 내용적으로 10번 연습한 후에 **그다음 10번은 발화와 비주얼을 고려한 전달력까지 적용**하면서 연습하여 전달을 익숙하게 만든다.

사실 내가 "20번 연습하세요."라고 했을 때 수강생이나 청중 대부분이 "이렇게나 많이 연습해야 해?"라는 반응을 보였다. 진짜 시간이 촉박하다면 5번+5번으로 총 10번 연습을 해도 괜찮다. 하지만 자기 안에 확신과 자신감이 생기는 경험을 하려면 20번 정도는 연습해야 한다. 이렇게 연습하여 성공적인 발표를 5~6번 정도 경험한 다음부터는 연습 횟수를 차차 줄여도 된다. 그전까지는 시간 여유를 두고 일찌감치 준비해서 연습에 신경 쓰기를 추천한다.

8단계: 최종 리허설

마지막 단계에서는 **실제 발표 환경에서 최종 리허설을 진행**한다. 최소 하루 전이나 아니면 당일 몇 시간을 앞두고, 가능하다면 실제 발표할 장소에 서보거나, 발표할 때 입을 옷을 입고, 실제 청중이 있는 것처럼 상상하면서 리허설하는 것이 좋다.

눈앞에 청중이 실제로 있다고 상상하고 아이콘택트도 해보고, 무대에 서 있는 자신의 모습을 보고, 눈앞에 펼쳐질 청중의 모습, 조명의 느낌 등을 생생하게 느끼는 것이 핵심이다.

이때 내가 추천하는 것은 이 단계부터는 내용적으로는 더 이상 수정하려고 하지 않아야 한다는 것이다. 내용에 대한 준비는 이미 충분하다고 스스로 믿고, 지금부터는 **성공적으로 발표가 진행되는 순간을 시각화**Visualization 하도록 한다.

특히 발표자가 가장 떨리는 순간인 발표의 시작과 끝을 떠올려보는 것을 추천한다. 발표를 시작한 후 30초, 발표를 마무리하는 30초를 그려보면서, 열심히 준비한 대로, 혹은 그 이상으로 순조롭게 발표하면서 청중과 호흡하고, 청중이 자신과 눈을 마주치고 고개를 끄덕이는 장면을 머릿속으로 그려가면서 마음을 다잡고 발표 준비를 마치면 된다.

이렇게 총 8단계를 거치며 프레젠테이션을 준비한다면 준비 과정이나 무대 뒤에서 생기는 두려운 마음을 잠재우고, 자신감 넘치는 모습으로 발표할 수 있을 것이다. 이제 여러분도 완벽한 발표자가 될 수 있다!

효과적인
발표 리허설 전략

학생들의 스피치를 살펴보면 2가지 경우가 많다. 하나는 처음 인사부터 마지막까지 내용을 달달 외워서 발표하는 경우와 별다른 준비 없이 슬라이드를 처음부터 끝까지 읽는 경우다. 그러나 이 2가지 모두 좋은 발표 방법이 아니다.

앞에서도 언급했다시피 스크립트를 달달 외우면 머릿속이 내용으로 꽉 찬다. 또 발표 내용을 말하면서도 머릿속으로는 다음 내용을 생각하느라 청중과 상호작용하지 못하고 무미건조한 발표를 하게 된다. 준비가 부족해서 슬라이드를 처음부터 끝까지 읽는 경우두 마찬가지다. 원고나 슬라이드를 읽는 데 급급해서 청중과 상호작용은커녕 눈 맞춤도 제대로 하지 못하는 경우가 태반이다.

앞서 달달 외지 말고 핵심 키워드만 남겨가며 20번쯤 연습하라는 이야기를 했다. 특히 리허설은 발표의 완성도에 큰 영향을 미치므로 반드시 할 것을 추천한다. 리허설은 발표 내용을 전달하는 것뿐 아니라, 발표 현장에 적응하고 발표 현장에서 발생할 수 있는 여러 변수에도 대응할 여유를 준다.

그렇다면 리허설은 어떻게 준비해야 좋을까. 리허설에서 염두해야 하는 사항은 5가지로 꼽을 수 있다.

1. 발표 자료에 친숙해질 것

발표 자료에 파워포인트와 같은 시각 자료가 있다면 최대한 친숙해져야 한다. 텍스트를 바꿔가면서 어떤 워딩이나 표현이 핵심 메시지를 잘 전달할지 고민해보고, 가능하면 여러 이미지도 추가하여 청중의 이해를 도와야 한다. 슬라이드가 너무 많은 정보를 담아 발표 자체에 부담이나 방해가 되지 않도록 해야 하고 내용과 조화를 이룰 수 있어야 한다.

2. 짧은 버전의 발표를 준비할 것

주어진 발표 시간이 줄어들 만일의 가능성을 염두해야 한다. 인터넷이 연결되지 않는다거나 행사 시작이 지연된다거나 기술적 결함이 발생하는 등 발표가 예상대로 진행되지 못하는 상황은 예사로 일어난다. 앞 순서의 발표자가 주어진 시간을 초과해서 내 순서에 서둘러 끝내야 하는 일도 있으며, 발표 중 갑작스러운 질문이 들어와 발표할 시간이 줄어드는 경우도 있다.

일단은 주어진 시간에 딱 맞게 발표를 준비하되, 만일의 경우에 대비한 짧은 버전도 하나 준비해두면 예상치 못한 상황이 발생했을 때 당황하지 않고 여유 있게 대응할 수 있다.

3. 슬라이드쇼 모드로 연습할 것

슬라이드쇼 모드를 쓰면 발표할 때 보이는 화면과 같기 때문에 자연스럽게 내용 자체에 좀 더 집중할 수 있고 실제 발표와 최대한 비슷한 속도와 흐름을 익힐 수 있다. 슬라이드 간의 연결 부분이 어색하지는 않은지, 일관적이지 않은 그래픽이 있는지, 세부 내용을 보여줄 때 논리적인 흐름이 연결되는지를 고려하면서 최종 수정을 마치면 된다.

4. 카메라 앞에서 연습할 것

연습을 어느 정도 마쳤다면 최종적으로 카메라 앞에서 발표하는 것을 찍어보도록 한다. 이때 프로페셔널한 세팅은 필요 없다. 휴대폰 혹은 태블릿 카메라만으로도 충분하다. 자신이 청중 앞에 서 있고 카메라가 바로 청중이라고 생각히며 연습해야 한다. 녹화가 끝나면 그 영상을 리뷰하면서 내용뿐 아니라 무대에서의 느낌, 아이콘택트, 얼굴 표정, 제스처, 움직임까지 종합적으로 평가한다. 특히 표정이나 제스처는 무의식적으로 나오는 것들이 많기 때문에 그 부분을 객관적으로 보면서 캐치하면 좋다. 어느 부분에서 덜 자연스러웠는지, 더 힘을 주어야 할지를 살피고, 그 부분만 최종적으로 보완한다.

5. 가능하면 믿을 만한 사람으로부터 피드백을 받을 것

발표 내용 자체는 자신이 만든 스토리라인이기 때문에 스스로 그 내용에 매몰될 가능성이 크다. 이럴 때는 믿을 만한 사람 앞에서 발표 연습을 하는 게 좋다. 발표에 익숙한 동료나 상사, 스피치를 전문으로 코치하는 사람들에게 도움을 받아도 좋다. 숙련된 발표자가 주변에 없다면 그 주제에 관해 알고 있는 동료나 가족에게 요청하는 것도 좋다. 이때 솔직한 피드백을 요청하자. 발표 자료가 있다면 프린트해서 미리 준비하거나 실제로 슬라이드까지 포함하여 발표한 다음 딱 3가지만 체크해달라고 하자.

- 서론-본론-결론의 말하기 구조가 느껴지는가?
- 예시로 드는 내용이 잘 이해되는가?
- 발표자와 아이콘택트를 했다고 느꼈는가?

이에 대해서 솔직한 피드백을 받고, 언급된 부분을 고려하여 종합적으로 수정하면 된다.

자, 이제 모든 준비가 끝났다!

'완벽'하려 하지 말고
'연결'해라

A는 결혼과 함께 미국으로 건너가 20대에 아이들을 낳았다. 아이들도 성장하고 어느덧 40대에 접어든 A는 자신의 커리어를 찾고 싶었다. 새롭게 법 공부를 시작해 전문 직업에 진출했고, 자신의 꿈을 펼칠 기대에 부풀어 있었다. 하지만 갑자기 알 수 없는 두려움이 찾아왔다. 업무적으로 만나는 동료들과 대화가 잘되지 않는 것이었다. A는 20년 넘게 미국에서 살아왔고 그동안 이웃, 동료, 친구들과 의사소통하는 데 전혀 문제가 없었다. A의 불안감은 갑작스러운 것이었다. A는 미팅에서 너무 긴장한다는 피드백을 받았고, 발표도 달달 외운 내용을 말하기 때문에 프로로서 부자연스럽다는 평가를 받았다.

A는 나를 찾아와 일대일 코칭을 요청했고, 나는 A에게 물었다.

"평소에 말하는 것은 아무 불편이 없는데, 왜 일에서는 사소한 대화조차 어색하신 걸까요?"

"아무래도 전문직이다 보니까 제 영어가 완벽하지 않으면 안 될 것 같다는 생각이 들어요. 제가 말할 때 실수하면 상대방이 저를 무시하지는 않을까 하는 걱정도 생기고요."

A의 불안은 완벽하게 영어를 구사해야 한다는 부담감에서 비롯한 것이었다. 나는 A에게 이런 해법을 제시했다.

"완벽하려고 하지 마시고, 연결하려고 하세요. 아마도 동료들은 A 씨가 좀 더 편안하게 대화하는 것을 원할 거예요. 네이티브가 아니기 때문에 완벽한 영어를 기대하지 않을 수도 있어요. 그러니 A 씨의 있는 그대로의 모습, 동료로서 신뢰감 있는 모습을 보여주세요. 동료분들이 어쩌면 그걸 더 바라고 있을지도 몰라요."

그날 대화를 열심히 메모하던 A는 뭔가 알았다는 표정으로 돌아갔다.

'완벽'하려고 하지 말고 '연결'하려고 해야 한다.

이것은 내가 A와 같은 쓰라린 고민과 갈등의 시간을 보낸 끝에 깨달은 것이기도 하다. 나는 교수로 임용된 2016년부터 처음 3년간 살아남기 위해 부단히 애를 썼다. 주변 동료 교수들은 하버드대학교, 스탠퍼드대학교 출신이 많았고, 그에 비해 나는 주립대를 졸업한 데다 몇 안 되는 아시안 여자 교수였다. 심지어 실제 나이보다 어려 보였다. 그때 내 눈에 주변 동료들의 엄격하고 카리스마 있는 모습이 인상적으로 다가왔다. 나도 살아남으려면 저렇게 준엄하고 카리스마 있어야 하는구나 싶어서 사람들 앞에서 가면을 썼다. 권위 있게 보이고 싶어서 학생들 앞에서 잘 웃지 않았고, 영어를 잘하지 못한다고 할까 봐 준비된 수업 내용 외에 개인적인 이야기는 되도록 하지 않았다. 슬라이드에 강의 내용만 잔뜩 채워서 내가 외운 지식을 열심히 전달하는 데 집중했다. 학생들의 발표에 관해 피드백 할 때는 학생들이 실수한 부분, 수정할 내용을 조목조목 지적했다. 부끄럽지만 내 권위를 이용해 학생들의 존경심을 이끌어내고 싶었다. 내가 교수로서 권위를 세우려고 할수록 학생들과 나 사이에 보이지 않는 벽은 점점 높아졌다.

코로나19를 거치면서 나는 학생들에게 처음으로 인간적인 연민을 느끼게 되었다. 그들도 나처럼 아니 그 이상으로 불확실한 미래가 두렵지 않을까 생각하자 그 마음이 수업에도 반영되었다. 수업에서도 자연스럽게 본래 성격을 드러내기 시작했고, 인간 대 인간으로서 마음을 나누고자 했다. 유학생으로서 박사과정 때 힘들었던 이야기, 외국인으로서 일상을 살아가는 이야기, 구정이나 추석 등 한국의 큰 명절을 타국에서 보낼 때 느낀 외로움 등 소소한 이야기도 나누었다. 학생들이 성적 문제로 면담하러 올 때도 잘못을 지적하기보다 학생들이 최선을 다한 것에 고마워하고, 그럼에도 불구하고 결과가 기대에 도달하지 못한 걸 함께 안타까워했다. 그리고 다음번에 더 좋은 결과를 얻기 위해서 어떻게 하면 되는지 함께 고민해주었다. 그랬더니 학생들이 오히려 너무나 고마워하면서 돌아가게 되었고, 실제로도 그다음 발표에서는 훨씬 발전한 모습을 보여주었다.

학생들은 처음에는 권위 있는 주변 교수들과 다른 내 여린 모습을 낯설어했지만, 이내 다가오기 시작했다. 학생들은 자신들과 크게 다를 바 없는 인간으로서의 나를 보면서 오히려 더 연결감을 느꼈고 자신들의 진로 고민이나 인간관계 고민을 더욱 털어놓게 되었다. 나 역시 그저 지식을 전달하는 교수가 아니라 인간으로서 다른 인간을 케어하는 멘토로 점점 변하게 되었다.

과거의 나는 교수로서 흠결이 없는 모습만 보이려고 했다. 완벽하고 싶었고 책잡히지 않고 싶었다. 그 마음을 내려놓고 진심으로 학생들과 연결되려고 하니 학생들도 나에게 더 스스럼없이 다가왔으며, 오히려 나를 존경하고 나의 권위를 세워주었다.

완벽보다 연결. 완벽해 보이고 싶은 마음을 내려놓고, **상대와 연결되려는 진심 어린 마음이 바로 말하기의 키**이다. 이것은 비단 말하기뿐 아니라 인간관계에서 겪는 갈등이나 단절 등의 문제를 푸는 실마리가 아닐까.

나가며

진짜 말을 잘한다는 것

어렸을 때 나는 친척들이 오면 엄마 치마 뒤에 숨는 부끄러움 많은 아이였다. 심지어 친할머니가 시골에서 올라오셔도 그랬다. 학창 시절을 보내면서 달라지긴 했지만, 기본적인 내향성은 어디 가지 않았다.

지금도 나는 학교에서 강의하는 시간을 제외하고는 많은 사람이 모이는 자리에 잘 가지 않는다. 만남을 하더라도 일대일로 만나는 자리를 훨씬 선호한다. 한국인분들을 대상으로 수업을 진행할 때도 일대일 코칭이나 컨설팅을 통해서 만나는 시간을 더 의미 있게 생각한다.

박사과정, 그리고 교수 임용 초반까지 몇 년 동안 미국에서 컨퍼런스를 다니면서 가장 곤혹스러운 순간이 바로 네트워킹하는 시간이었다. 음료 한 잔을 들고 자리를 옮겨 다니면서 잘 모르는 사람과 대화를 시작하고 이어가는 것이 여전히 너무 어색했던 기억으로 남아 있다. 지금도 인스타그램에서 많은 사람이 잘 차려입고 한자리에 모여서 네트워킹하는 사진을 보면 나 스스로가 어색해짐을 느낀다.

흔히들 스피치라고 하면 사람 많은 곳에서 발표하는 것을 좋아하고 목소리가 큰 외향적인 사람이 유리할 거라고 생각한다. 과거의 나 역시 그렇게 생각했다. 하지만 2011년부터 다양한 문화에 기반한 여러 인종, 각기 다른 성격의 학생들을 가르치면서 말에 대한 나의 생각은 완전히 바뀌었다. 말하기에서 외향성, 내향성은 크게 중요하지 않다. 내향적인 학생들은 초반에만 말하기에 어려움을 느낄 뿐, 몇 번의 수업을 거치면 놀랄 만큼 프로페셔널하게 말한다. 오히려 스피치, 말을 잘한다는 것은 단 하나의 표현으로 관통된다. **진짜 스피치는 바로 '사람과 사람의 마음이 만나는 지점'에서 이루어진다는 것**이다. 상대가 나의 의도와 메시지를 온전히 받아들일 때, 그 순간 공감과 연결, 진짜 설득이 일어난다.

그간 말하기를 가르치면서 정말 많은 학생이 변화하는 것을 지켜보았다. 말하기를 잘 못하고 심지어 두려워하는 학생들도 점점 자신감이 붙고, 약간의 디테일 수정만으로도 말이 더 정확하게 와닿았다. 수업을 진행하면서 학기 말이 가까워질수록 자기다운 모습으로 자신 있게, 설득력을 담아 말하는 연습은 학생들의 삶에 큰 변화를 가져왔다.

그렇게 변하는 학생들의 모습을 보며 한국에서의 내가 떠올랐다. 내향인이니까, 말을 잘 못하니까. 그렇게 나를 표현하는 데 인색했던 나날이 쌓여 어쩌면 내게 주어진 기회를 흘려보냈던 건 아니었을까. 모든 용기를 쥐어짜내고 멀리 떨어진 미국에 와서야 비로소 자신을 드러낼 용기가 생긴 건 아닐까. 이 모든 변화의 중심에는 말이 있었다.

그때부터 나는 SNS라는 소통 창구를 통해 이전의 나와 같은 고민을 안고 있는 사람들에게도 변화의 계기를 만들어주고 싶었다. 2022년 여름 한국으로 시야를 돌린 나는 한국에 계신 일반 대중에게 진짜 스피치를 가르쳐드려야겠다고 마음을 먹고, 2023년부터 '나를 찾는 스피치(나찾스)'라는 이름으로 수업을 하기 시작했다. 스피치 수업을 시작하면서 인스타그램에서 친하게 지내던 몇몇 인친님들에게 같이 하자고 말했더니, 기다리셨다며 반기는 분들이 있었던 반면 몇몇 분은 이렇게 반응하셨다.

"저는 전문가도 아니고, 아무것도 내세울 게 없는걸요."
"제가 하는 말이 과연 누구에게 도움이 될까요?"

나는 끝나면 알게 될 거라고 하면서 그분들을 설득했다. 그렇게 10명 남짓 모인 나찾스 1기 분들과 3주 동안 스피치 구조-발화-비주얼을 알차게 배우고, 마지막 4주 차에는 자신만의 주제로 사람들 앞에서 스피치를 하도록 했다. 자신만의 이야기를 만들어 나와 일대일 미팅을 하면서 이야기를 다듬고, 마지막 수업에 사람들 앞에서 발표를 시작했다.

난청인 아이를 키우면서 심각한 공허함과 우울증에 빠졌던 한 여성이 자신을 온전히 바라보면서 마음의 병을 극복한 이야기, 중학생 시절 학교 폭력으로 몇 년간 방황하며 자살 시도까지 했던 자녀를 사랑으로 감싸주며 건강한 성인으로 키운 엄마의 이야기 등 하나같이 가슴 뭉클한 이야기였다. 또 부모의 반대로 화가의 길을 포기한 여성이 다시 그림을 만난 이야기도 있었다. 그녀는 오빠의 유일한 도움으로 몰래 꿈을 키워나가다가 오빠가 갑작스러운 사고로 세상을 떠나자 큰 충격을 받았다. 긴 방황을 겪었지만, 그 후 다시 그림을 통해 자신을 찾게 되었다고 한다.

겉으로 보면 지극히 평범한 우리 주변 분들인데 한 분, 한 분의 이야기가 그 어떤 극적인 영화보다도 더 감동적으로 다가왔다. 그 자리에 있던 우리 모두는 눈물 콧물을 펑펑 쏟으며 서로의 이야기에 귀를 기울였고 깊은 감동을 느꼈다. 90분이면 끝날 줄 알았던 발표는 장장 3시간이 넘도록 이어졌다. 그 시간을 통해 우리는 누구보다도 더 응원하고 싶은 사이로 발전했다.

한 번도 말을 잘한다고 생각해본 적이 없었던 분들이 자기만의 경험과 깨달음을 자신만의 표현으로 전달했을 뿐인데, 모두가 공감하고 함께 울고 웃는 경험을 했다.

말을 잘하는 사람은 이런 사람들이다. 우리는 다른 누가 될 필요가 없다. 유창한 아나운서처럼, 잘 나가는 사업가처럼, 타고난 달변가처럼 말할 필요는 없다. 자기답게 자기 모습 그대로, 자기 목소리 그대로 표현해도 되는 것이 진짜 스피치이다. **스피치는 우월함을 뽐내는 도구가 아니라 자신의 이야기를, 사람들과 공감하고 연결하기 위해 세상에 꺼내는 용기와 자기다움의 과정**이다. 그게 진짜 말을 잘하는 것이다.

이 책을 통해 내가 전하고 싶었던 것은 바로 이것이다. 이제 자기다운 말하기를 시작해보자. 세상에 내 생각, 내 목소리, 내 이야기를 전해보자. 누구보다 나답게, 우리는 누구나 말을 잘할 수 있다.

이제 자기만의 메시지를 세상에 드러내보자.

참고 도서

들어가며

8   허브 코헨, 『허브 코헨의 협상의 기술 You can negotiate anything』, 양진성 옮김, 김영사, 2021.

8   정김경숙, 『영어, 이번에는 끝까지 가봅시다』, 웅진지식하우스, 2024.

1장 당신도 말을 잘할 수 있다

23   앨런 피즈, 바바라 피즈, 『결국 해내는 사람들의 원칙 The Answer』, 이재경 옮김, 반니, 2020.

40   문요한, 『나는 왜 나를 함부로 대할까』, 해냄, 2022.

2장 첫인상에서 호감을 만들어라

78   Kitayama, S., Markus, H. R., Matsumoto, H., & Norasakkunkit, V. (1997). Individual and collective processes in the construction of the self: self-enhancement in the United States and self-criticism in Japan. *Journal of personality and social psychology*, 72(6), 1245–1267. https://doi.org/10.1037//0022-3514.72.6.1245

83   Andrea, W. (2022, August 2). A simple way to introduce yourself. *Harvard Business Review*. Retrieved from https://hbr.org/2022/08/a-simple-way-to-introduce-yourself

3장 프로답게 말하라

133 Matt, P. (2019, January 22). How to spend way less time on email every day. *Harvard Business Review*. Retrieved from https://hbr.org/2019/01/how-to-spend-way-less-time-on-email-every-day

142 하이디 그랜트 할버슨, 『어떻게 마음을 움직일 것인가Reinforcements』, 우진하 옮김, 부키, 2020.

149 Genevieve N. (2024, September 26). How to apologize for a mistake professionally. *Indeed Career Guide*. Retrieved from https://www.indeed.com/career-advice/career-development/how-to-apologize-for-a-mistake-professionally

161 세스 프리먼, 『승자의 언어15 Tools to Turn the Tide』, 우진하 옮김, 리더스북, 2023.

5장 발화와 비주얼, 말하기의 전달

228 The Learning Network. (2024, March 28). Teenagers on saying "like". *The New York Times*. Retrieved from https://www.nytimes.com/2024/03/28/learning/teenagers-on-saying-like.html

228 Christopher, M. (2017, February 24). So, um, how do you, like, stop using filler words? *The New York Times*. Retrieved from https://www.nytimes.com/2017/02/24/us/verbal-ticks-like-um.html

운명을 바꾸는
말하기 수업

초판 1쇄 발행 2024년 12월 12일
초판 9쇄 발행 2025년 12월 15일

지은이 이영선

발행인 윤승현 **단행본사업본부장** 신동해
편집장 정다이 **책임편집** 송보배 **교정교열** 강진홍
디자인 어나더페이퍼 **일러스트** 최희종
마케팅 최혜진 이인국 **홍보** 반여진 허지호 송임선
국제업무 김은정 김지민 **제작** 정석훈

브랜드 웅진지식하우스 **주소** 경기도 파주시 회동길 20
문의전화 031-956-7358(편집) 031-956-7089(마케팅)
인스타그램 www.instagram.com/woongjin_readers
페이스북 www.facebook.com/woongjinreaders
블로그 blog.naver.com/wj_booking

발행처 (주)웅진씽크빅
출판신고 1980년 3월 29일 제406-2007-000046호

ⓒ이영선, 2024

ISBN 978-89-01-29066-9 03190

- 웅진지식하우스는 ㈜웅진씽크빅 단행본사업본부의 브랜드입니다.
- 책값은 뒤표지에 있습니다.
- 잘못된 책은 구입하신 곳에서 바꾸어 드립니다

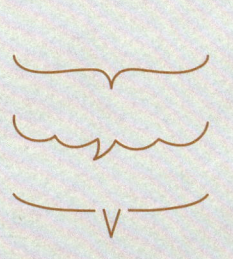